Vorwort

»Der Tod ist groß . . .« – zu groß wahrscheinlich für den Religions[illegible] Schule. Wer sich die Frage nach dem Tod stellt, läßt sich auf ein unendliches Thema ein. Er kann nicht hoffen, schnell und schlüssig Antworten zu finden. Über den Tod und das Schicksal des Menschen nach dem Tod werden die unterschiedlichsten Meinungen angeboten. Der eine glaubt, der Tod sei das Ende schlechthin; der andere vertraut auf ein erlöstes Dasein über den Tod hinaus. Und niemand kann endgültig entscheiden, welche Auffassung richtiger ist.

Welche Aussicht, welchen Sinn hat dann die Beschäftigung mit dem Tod im Religionsunterricht? Vielleicht hilft es schon, wenn man dem Thema nicht ausweicht; denn der Tod ist jedem Menschen gewiß. Ihn unbedacht zu sterben, scheint des Menschen nicht würdig. Dabei stellt sich heraus, daß die Einstellung zum Tod zurückwirkt in den Vollzug des Lebens. Der Tod ist nicht jener Fremde, der schließlich den Menschen überfällt – der Tod ist eingebunden in persönliches Erleben und gesellschaftliche Vollzüge. Das Leben und seine Wirklichkeit weisen unabdingbar auch auf die Frage nach dem Tod.

Allein, der Tod kann nicht demonstriert werden. Er läßt sich nicht anschaulich und überprüfbar machen wie ein naturwissenschaftliches Gesetz. Wer in der Schule über den Tod spricht, redet leicht an ihm vorbei. Der Tod kann verfälscht werden zu einem theoretischen Problem, über das sich ausgiebig und geistreich streiten läßt. Wenn Sie im Unterricht diesen Diskussionseifer spüren, prüfen Sie bitte, ob Sie noch beim Thema sind oder ob Sie rhetorische Selbstdarstellung betreiben.

Vielleicht aber wird der Tod auch idealisiert, vergeistigt zu einem schönen, heroisch-bewußten Sterben, das nichts mehr gemeinsam hat mit dem banalen Verlöschen im Krankenhaus. Die Herausgeber haben sich deshalb bemüht, auch jenen Aspekt der Wirklichkeit des Sterbens zu berücksichtigen.

Für die Generationen vor uns schienen die Vorstellungen von Himmel, Hölle und Letztem Gericht sichere Auskünfte über das Schicksal des Menschen nach dem Tod zu sein. (War es wirklich so? Oder war es nur eine allgemeine Vereinbarung, so und nicht anders über den Tod zu denken?) Für den Menschen von heute sind gerade diese Vorstellungen schwierig geworden. Deshalb geht auch die Textsammlung der Frage nach: Wie kann die christliche Rede vom Tod und von der Auferstehung weitergedacht werden, so daß sie hilft, den Tod zu verstehen? Wie nimmt sie sich aus im Zusammenhang der anderen Anschauungen und Meinungen?

Aus dem ›Totentanz‹ von H. Vogtherr d. Ä. nach Motiven von H. Holbein d. J. Holzschnitt um 1544

Erfahrung des Todes

Der Tod umgibt uns: Todesanzeigen, Nachrichten vom Tod berühmter Zeitgenossen, Berichte über Todesopfer durch Unfall oder Verbrechen – all dies enthält jede Zeitung. Fast alle wissen vom Tod eines Angehörigen oder eines Freundes; und jeder weiß, daß er selbst sterben wird. Über diese Erfahrung hinaus sind es Künste und Wissenschaften, die sich mit dem Tod beschäftigen. Man sollte meinen, daß sich aus all dem eine Vertrautheit mit dem Tod ergibt, daß wir wissen, was der Tod ist und wie man sich zu ihm verhält. Es zeigt sich aber ein beunruhigender Gegensatz: Nichts ist so gewiß wie der Tod – und keine andere Erfahrung bleibt so verschlossen, so unerforschlich, so widersprüchlich wie die Erfahrung des Todes:

- »Das schauerlichste Übel, der Tod, geht uns nichts an; denn solange wir existieren, ist der Tod nicht da; wenn er aber da ist, so existieren wir nicht mehr.« *Epikur (341–270 v. Chr.)*

- »Der Tod dauert das ganze Leben. Aller Vermutung nach hört er auf, sobald er eintritt.« *Paul Valéry (1871–1945)*

Daß der Tod gewiß ist, kann niemand bezweifeln. Schon in der antiken Philosophie vermittelte man folgende logische Übung:

Satz A:	Alle Menschen sind sterblich.
Satz B:	Sokrates ist ein Mensch.
Schluß:	Also ist Sokrates sterblich.

In diesen Syllogismus läßt sich jeder Name einsetzen: nicht zuletzt der eigene. Und niemand wird bestreiten, daß die Schlußkette richtig bleibt. Es ist aber durchaus möglich, daß jemand diesen Sätzen verstandesmäßig zustimmt, doch zugleich sich ihnen verschließt. Man kann wissen, daß man sterben muß – dennoch so leben, als sei man unsterblich.

Unsere Erfahrung scheint diese Selbsttäuschung überraschend zu bestätigen: Oft hören und erleben wir zwar, daß Menschen sterben; aber solange wir dies hören, wissen wir zugleich, daß wir selbst immer noch leben. Der Tod trifft immer nur die anderen, uns verschont er. In unserer Erfahrung erscheint daher der Tod als ein Geschehen, das uns nichts angeht. Eine Ausnahme, die einzige, wird nur jener letzte machen: der eigene Tod. Wer hofft nicht, daß dieser noch lange auf sich warten läßt? Daher deuten wir den Satz »Alle Menschen sind sterblich« gern um: »Die anderen sind sterblich.«

Der Tod ist groß.
Wir sind die Seinen
lachenden Munds.
Wenn wir uns mitten im Leben meinen,
wagt er zu weinen
mitten in uns.
Rainer Maria Rilke

Der Bischoff.

Der Ackerman.

Der Edelman.

Aus dem ›Totentanz‹ von Hans Holbein d. J. Holzschnitt, um 1525

1 Stella Baum
Das Sterben zu Hause

Das Gewohnte wird heute zur Seltenheit. Früher starb man zuhause; im Kreis der Familie nahm man Abschied vom Leben. Daß es heute anders ist, hat einleuchtende Ursachen: In den Kleinfamilien leben die Generationen getrennt. Nur selten verbinden der gleiche Beruf und die gleiche Lebensweise Eltern und Kinder. Und die Wohnungen schließlich sind meist zu eng für die Pflege eines Kranken oder gar eines Sterbenden. So heißt es wenigstens.
Der folgende Text ist einer Sammlung von Interviews und Berichten entnommen, die Stella Baum zusammengetragen hat. Die Herausgeberin suchte Menschen aus unterschiedlichen Lebensbereichen auf, die »beruflich« mit dem Tod zu tun haben und/oder auf persönliche Weise bereits mit ihm konfrontiert wurden.

Unsere Tante hatte Darmkrebs. Ihr Zustand verschlimmerte sich plötzlich so, daß wir sie ins Krankenhaus bringen mußten. Eine Operation zeigte, daß man eigentlich nur noch auf ihren Tod warten konnte. Sie war nicht zu retten. Sie litt während der drei Wochen im Krankenhaus sehr unter der unpersönlichen Pflege und dem ständig wechselnden Personal. Ihr ganzes Leben – sie war derweil 80 und unverheiratet geblieben – hatte sie im geborgenen Familienkreis verbracht. Wie ernst ihr Zustand war, ahnte sie und fühlte sich in der Anonymität des Krankenhauses besonders einsam. Das hat uns täglich mehr bedrückt, wenn wir sie nach Besuchen wieder verließen. Da man medizinisch nichts mehr erreichen konnte, haben wir uns entschlossen, sie nach Hause zu holen.
Unser Hausarzt hat mir beigebracht, Spritzen zu setzen, so daß wir weitgehend von Pflegepersonal unabhängig sein konnten. Die Krankheit verlief unter sehr großen Schmerzen, es gab nur selten Pausen der Ruhe und Entspannung. Die Kranke bemerkte, daß die Medikamente ihr Bewußtsein trübten, das war ihr unsympathisch. Sie wollte die schmerzvollen wie die schmerzfreien Tage möglichst klar erleben können. Wir reduzierten also die Gaben auf ein Minimum. Sie war von tiefer Frömmigkeit und verstand ihr Leiden als ihr persönliches Schicksal. Sie wollte es auf sich nehmen und ertrug es fast ohne Klagen. Gelegentlich gab es Tage, an denen sie gegen besseres Wissen fest glaubte, wieder gesund zu werden. Andere Tage ließen sie hingegen die Grenze deutlich erkennen, und dann wollte sie auch von uns nicht getäuscht werden.
Zu Hause schien sie sich zunächst, wohl durch die gewohnte Umgebung, zu erholen. Sie nahm wieder Anteil an uns, die spielenden Kinder im Garten freuten sie, und sie genoß die »gesunden« Geräusche, die in ihr Krankenzimmer drangen. Sie fühlte sich mit ihrem Sterben nicht mehr außerhalb des Lebens, während *wir* entdeckten, daß das Sterben mitten in unserem täglichen Leben nicht so fremd und erschreckend war, wie wir fürchteten. Unser Familienleben mußte sich der Kranken anpassen. Das forderte Opfer von allen, aber zugleich ging etwas von der Patientin aus, was die Schwierigkeiten überwog. Wir haben uns später gefragt, was es wohl war. Sicher hat auch ihre Dankbarkeit die Pflege erleichtert und uns gezeigt, daß wir etwas leisten konnten, was wir uns nicht so ohne weiteres zugetraut hätten.
Wir erlebten, wie die Nähe des Todes einen Menschen fordert. Anscheinend lief ihr Leben noch einmal vor ihr ab. Sie sprach und träumte viel von ihrer Kindheit. Sie wollte von diesen Bildern und Gedanken nicht abgelenkt werden, es war ihr sogar wichtig, darüber zu sprechen. Was sie aber wohl noch stärker beschäftigte, war das, was ihr bevorstand. Sie glaubte an ein Leben nach dem Tode und war darum bereit, ihr Sterben als einen Weg dahin anzuerkennen. An allem, was in ihr vorging, wollte sie uns teilnehmen lassen, aber wir konnten nicht immer folgen.
Ich lernte, wie wichtig es ist, einem Sterbenden zuzuhören. Es entsteht mit der Zeit eine Gemeinsamkeit, in der auch das Schwerste ausgesprochen werden kann. Bei

alledem darf man keine Angst haben, wenn auch schmerzliche und protestierende Gedanken ausgesprochen werden. Mir kam es in den drei Wochen, die sie bis zu ihrem Tod bei uns lag, so vor, als ob das menschliche Bewußtsein in einer solchen Situation wächst. Das muß wohl der Sinn solcher Leidenszeiten sein, die zum Tod führen. (...)

Als die Kranke gestorben war und die drei Tage, die sie noch bei uns lag, vorbei waren, empfand ich, daß meine Hände leer geworden waren. Wochenlang hatte ich sie sozusagen getragen, nun brauchte sie mich plötzlich nicht mehr. Es kam nicht das Gefühl auf: Ich bin jetzt entlastet, nein im Gegenteil, ich war deutlich leer geworden. Dies bedeutete für mich erst eine Entbehrung, obwohl ich gestehen muß, daß die Pflege bis an die Grenze meiner Kraft ging. Ich bin gar nicht geeignet für Krankenpflege, habe Schwierigkeiten mit Ekel et cetera. Das hat sich allerdings später gebessert. Ich habe festgestellt, daß die Trauerkleidung ein Schutz gegenüber der Außenwelt ist. Ich empfand sie als gemäß und hatte das Bedürfnis, sie zu tragen, jedenfalls eine gewisse Zeit. Unsere Beerdigung finde ich zu sehr auf den Leidtragenden abgestellt. Ich meine, daß die Trauerfeier mehr wie eine Totenmesse sein sollte, in der für den Verstorbenen gebetet wird.

Folgende Beobachtung möchte ich noch schildern: Merkwürdigerweise reißt die Nähe des Todes einen ganz aus den normalen Gewohnheiten heraus. Dinge, die sonst sehr wichtig sind und die ganze Phantasie und alle Interessen beanspruchen, treten zurück, alle äußeren Dinge, die das Leben betreffen, ja sogar Freunde. Aber auch zum Beispiel der Spaß am Einkaufen, während die Freude am Garten, der Natur intensiver wird. Alles, wofür man sich sonst viel Mühe machte, kleine Krankheiten, Schulsorgen, schlechte Laune, alles verliert die gewohnte Wichtigkeit. Man lebt in der Notwendigkeit, sich auf das Wesentliche zu konzentrieren. Das ist sehr schön! Später braucht man eine gewisse Zeit, um wieder zurückzufinden und beide Lebensweisen in Einklang zu bringen.

Edvard Munch
Tod im Krankenzimmer (1893/94)
Öl, 150 × 167,5 cm.
Sammlung Nationalgalerie, Oslo

2

Rudolf Kautzky
Der Tod im Krankenhaus

Ein 60jähriger erleidet einen Herzinfarkt. Seine Frau ruft den Notarzt; dieser leistet erste medizinische Hilfe und ordnet die Überführung des Kranken in die Intensivstation an. – So beginnt eine letzte Krankheitsgeschichte. Es zeigt sich, wie doppelgesichtig der medizinische Fortschritt ist: Das Leben kann er verlängern – um entscheidende Tage; zugleich aber wird der Kranke umgriffen von technischen Abläufen, die sich als unmenschliche Automatismen verselbständigen können.
Die Frau des Verstorbenen schreibt über dieses Sterben einen Bericht, eine sehr persönliche Darstellung. Sie bat den Hamburger Neurochirurgen Rudolf Kautzky, das Buch herauszugeben.

Die letzte Stunde mit N.
Ich durfte zu N. gehen. Ich setzte mich rechts neben sein Bett und sprach leise und ruhig mit ihm. Er war sich bewußt, daß ich da war. Als die Schwester den neuen Dauertropf mit dem Herzstärkungsmittel anhängte, bemerkte ich, daß sein Pulsschlag auf 140 stand. Nach wenigen Minuten sah ich, daß der Funken auf dem EKG sehr viel weiter ausschlug. Er schlug jetzt drei bis vier Quadrate hoch. Dann wurde N. unruhig und tastete nach den Infusionsschläuchen und hatte einen von den Verschlüssen in der Hand. Er verlangte von mir, ich solle das ganze abstellen und die Infusionsnadel aus seiner Brust herausziehen. Er verlangte das in einer kurzen, fordernden Art, immer wieder und hartnäckig. Ich wäre doch sonst nicht so ängstlich. Er wurde ärgerlich, fast böse, als ich seinem Willen nicht nachkam. Nach einer Weile sah ich, daß die Infusion nicht mehr lief. N. hatte den Schalterhebel trotz seiner geschwollenen Hände selbst umgelegt. Ich rief die Schwester und bat sie, nach der Infusion zu schauen. Die Schwester legte den Hebel wieder um und verließ uns.

Das Ringen mit dem Tod auf einer Intensivstation

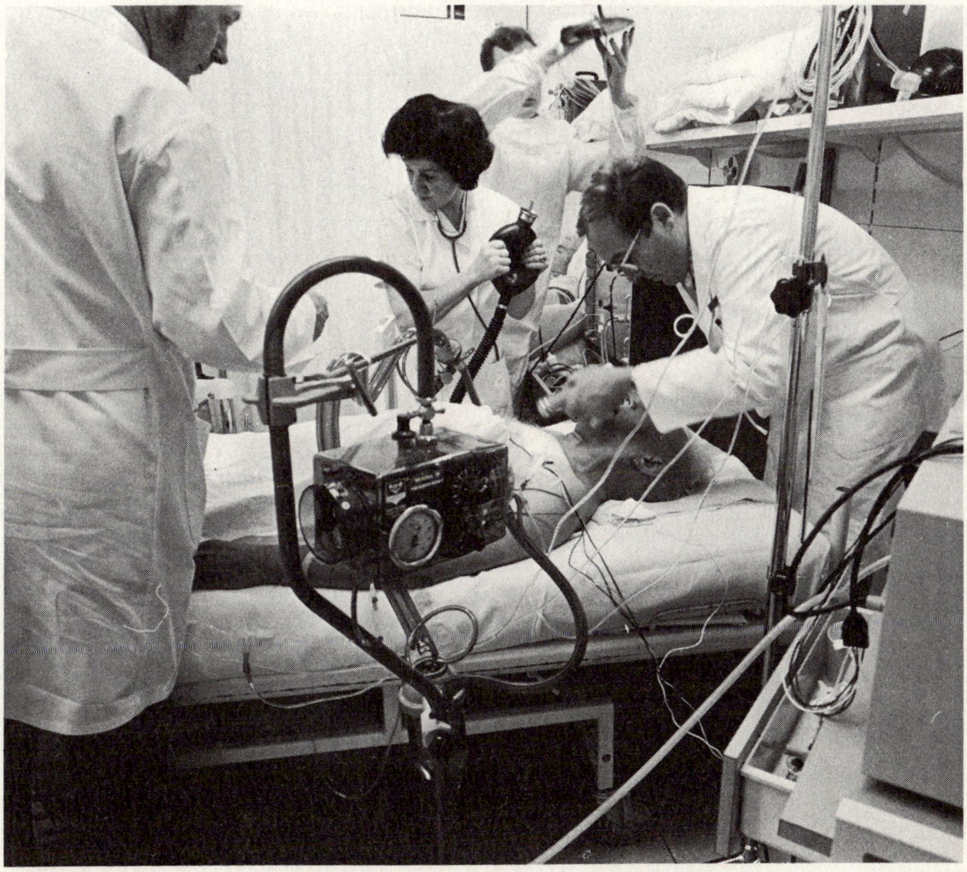

Ich saß immer noch rechts von N. Dann wurde er aber so unruhig, daß ich seine rechte Hand halten mußte. Er wehrte sich so lebhaft, daß ich auf die andere Seite hinübergehen mußte, um mehr Kraft zu haben, seine Hand festzuhalten. Er wollte die ganze Zeit, weil ich es nicht für ihn tat, die Infusionsnadel aus der Brust reißen. Er regte sich sehr auf, daß ich seine Hand festhielt. Er wurde sehr böse und ärgerlich auf mich. Ich konnte aber nicht alles verstehen, was er sagte. Es war ein ständiger, hartnäckiger, fast heimtückischer Kampf zwischen uns beiden. Ich versuchte, ruhig mit ihm zu sprechen. Ich sagte, ich könne ihm den Wunsch nicht erfüllen. Wir sollten doch über etwas anderes sprechen. (...)

Ich sagte zu N., als er mich wieder einmal fast bösartig aufforderte, ihn endlich freizugeben, er wolle endlich frei sein und ich solle endlich die Infusionsnadel aus seiner Brust nehmen, ob er denn sterben wolle?

Er wurde sehr ärgerlich über meine Frage und sagte: »Ach was, ach was.«

Es klang mir die ganze Zeit in den Ohren, daß er sagte, er wolle endlich frei sein. Das war eines seiner letzten Worte. Kurze Zeit danach kam ein fremder Arzt herein, und ich sagte ihm, daß er ständig versuche, sich die Infusionsnadel herauszuziehen. Er sagte, dann müsse die Hand eben fixiert werden. Nein, sagte ich, ich möchte ihn lieber festhalten, das sei menschlicher. Ach, meinte der Arzt, das sei doch nicht praktikabel, ich könne doch nicht die ganze Zeit dableiben. Ich sagte, aber gewiß könne ich das. Kurz danach wurde ich wieder hinausgewiesen, es muß noch nicht ganz ½ 5 Uhr gewesen sein. Ich sagte, daß ich eine halbe Stunde nach draußen gehen und mich dann wieder melden werde. (...)

Der Tod

Es war um 10 Minuten vor 6 Uhr; nachdem ich fast 90 Minuten gewartet hatte, kam der glattgesichtige Arzt und sagte, ich könne nun kurz zu N. gehen. Ich ging durch den Vorraum, ich öffnete die Tür. Als ich eintrat, leuchteten seine Augen auf, er sagte: »Endlich bist du da«, und verlangte abermals von mir, die Infusionsnadel aus seiner Brust herauszunehmen. Er wechselte zwischen Erkennen und Verwirrtheit, genau so wie in den letzten Stunden. Ich setzte mich wieder rechts von ihm hin, das heißt, ich saß also an seiner linken Seite. Ich erinnere mich nicht, daß wir noch ein Wort gewechselt hätten. Ich war höchstens eine Minute bei ihm, dann bemerkte ich, wie seine rechte Hand heftig und unruhig und ängstlich und zerfahren über das Bettuch hin und herrieb. Ich kannte diese Bewegung, er hatte sie schon mehrmals ausgeführt, nicht aber mit einer solchen Heftigkeit, und ich wußte, daß das Sterben oft solche Formen annimmt. Gesehen hatte ich es allerdings noch nie. Ich stand auf, ich legte ihm die Hand auf die Stirn und sagte zu ihm: »Fürchte dich nicht, fürchte dich nicht.« Ich hatte es ihm die ganze Zeit schon sagen wollen. (...)

Meine Hand lag auf seiner Stirn. Ich nahm sie weg, er war ruhig. Jetzt konnte ich seine Augen sehen, die ich durch meine Hand bedeckt hatte. Sie waren gebrochen. N. war tot. Sein Gesicht trug den Ausdruck des Entsetzens. Der Kopf war hintenüber geworfen, es war mir, als habe er erst in dieser Sekunde begriffen, daß er sterben müsse, und als ob er darüber sehr erschrocken gewesen sei.

Das alles spielte sich innerhalb einer Viertelminute ab. Draußen hatte eine Schwester die Unruhe des Sterbenden bemerkt, sie rief die Ärzte. Ich hatte gerade seine gebrochenen Augen gesehen, als sie hereinstürzten und mich schlechtweg hinauswarfen. Der glattgesichtige Arzt rief: »Gehen sie ganz schnell 'raus, gehen Sie ganz schnell 'raus!« Ich ließ mich hinauswerfen. Ich ließ mich zwingen, N. zu verlassen. Ich ging davon wie ein geprügelter Hund. Ich wußte, daß es Unrecht war, und konnte gegen dieses Unrecht doch nicht aufbegehren. Als ich N. verließ, sah ich, daß noch ein winziges Zucken über das EKG ging. Ich setzte mich abermals draußen hin, Tränen liefen mir über die Wangen. (...)

Aus N.s Zimmer stürzte ein fremder Arzt heraus, lief zu einem Schreibtisch, holte ein Medikament, ich sagte: »Lassen Sie ihn doch um Gottes willen tot. Was tun Sie denn, damit dieser Mann nicht sterben kann?« Was haben sie wohl gemacht? Ich weiß es nicht. Ich zog mein Notizbuch heraus, ich trug ein unter dem betreffenden Datum: 17.55 Uhr, ein Kreuz, das Zeichen des Todes, daneben N. Dann saß ich

ruhig auf meinem Stuhl. Nach sechs bis sieben Minuten kam der glattgesichtige Arzt mit Beileidsmiene auf mich zu. Er reichte mir die Hand. Ich fragte ihn: »Ist es endlich vorüber?« Er sagte, ja, sie hätten ihm nicht mehr helfen können. Ich dürfe jetzt zu ihm gehen.
Ich durfte. Ich durfte. Was heißt das, ich durfte? War es nicht mein Recht, war es nicht der Anspruch, den ich hatte? Warum galt er in diesem Hause nichts?

3 Elisabeth Kübler-Ross
Sterbephasen

Die meisten Menschen sterben heute nicht mehr zu Hause, umgeben von den nächsten Angehörigen, sondern in isolierten Krankenhauszimmern oder auf Intensivstationen zwischen aufwendigem technischen Gerät, unter ausgeklügelter medizinischer Überwachung. Mit dem hohen Standard medizinischer Versorgung geht aber ein Verlust unmittelbarer persönlicher Kontakte des Sterbenden mit seiner Umwelt einher. Deshalb wissen wir immer weniger, wie das Sterben seelisch erlebt und bewältigt wird.
Die Psychiaterin Elisabeth Kübler-Ross hat in den sechziger Jahren über 500 Todkranke betreut und ihre Beobachtungen als »Interviews mit Sterbenden« veröffentlicht. Sie fand heraus, daß unheilbar Kranke während der letzten Tage oder Wochen ihres Lebens typische Bewußtseinsphasen durchlaufen.

Wenn wir kurz zusammenfassen, was wir von unseren Patienten gelernt haben, scheint mir eines das Wesentlichste zu sein: Sie alle waren sich ihres kritischen Zustands durchaus bewußt, ob man es ihnen nun mitgeteilt hatte oder nicht. Sie gaben es allerdings dem Arzt und den nächsten Angehörigen gegenüber nicht immer zu erkennen, denn der Gedanke an diese Realität ist so schmerzlich, daß sie meistens jede offene oder versteckte Bitte der Umgebung, das Thema nicht zu berühren, verstanden und gern erfüllten. Doch für alle Kranken kam der Zeitpunkt, an dem sie die Maske fallenlassen mußten, und sei es, um lebenswichtige Angelegenheiten zu ordnen. Sie begrüßten es, wenn sie ihre Abwehrhaltung aufgeben und mit uns über den nahen Tod und die noch unerledigten Aufgaben sprechen konnten. Aber auch dann noch waren sie bereit, sich wieder ahnungslos zu geben, falls der Arzt und die Familie erkennen ließen, daß dieses Verhalten von ihnen erwartet wurde – denn sie wußten sich abhängig und wollten das Verhältnis zu ihnen nicht gefährden.
Es machte den Kranken wenig aus, wenn Ärzte und Schwestern nicht bereit waren, mit ihnen über die kritische Situation zu sprechen, doch sie wollten nicht wie kleine Kinder behandelt werden. Sie fühlten aus dem veränderten Verhalten der Umgebung die Krise heraus, auch wenn niemand ausdrücklich davon sprach. Diejenigen, die man offen mit der Wahrheit konfrontiert hatte, waren fast alle damit einverstanden, es sei denn, man hatte sie ihnen zu schroff mitgeteilt und ihnen jede Hoffnung genommen.
Alle unsere Patienten reagierten auf die verhängnisvolle Nachricht in einer Weise, dic offenbar für die menschliche Reaktion auf jede unerwartete schwere Belastung typisch ist: mit Schock und Ungläubigkeit. Das Nichtwahrhabenwollen konnte ein paar Sekunden und konnte auch Monate dauern, wie aus den hier wiedergegebenen Interviews hervorgeht. Das Leugnen war niemals vollständig. Danach herrschten Ärger und Zorn vor, die sich auf vielfältige Weise äußerten, manchmal durchaus realistisch auf das Verhalten von Pflegepersonal und Familie bezogen waren, in anderen Fällen aber geradezu irrational oder als Wiederholungen früherer

Erfahrungen auftraten... War die Umgebung fähig, den Zorn ohne eigene Verärgerung hinzunehmen, erleichterte sie damit dem Kranken die nächste Phase, das »Verhandeln«, dem die Depression, das nächste Stadium auf dem Wege zur endgültigen Ergebung und Loslösung, folgte. Alle Beobachtungen weisen darauf-hin, daß sich die einzelnen Phasen nicht klar abgrenzen lassen, sondern auch nebeneinander existieren. Viele Patienten haben die Phase endgültiger Hinnahme ohne Hilfe von außen erreicht, andere brauchten Unterstützung, wenn sie in Würde und Frieden sterben sollten.

Auf jeden Fall aber hielten alle Patienten bis zum letzten Augenblick an der Hoffnung fest, und diejenigen, denen man die Diagnose eines unheilbaren Leidens mitgeteilt hatte, ohne ihnen auch die geringste Hoffnung zu lassen, waren am tiefsten betroffen und söhnten sich niemals völlig mit dem Menschen aus, der ihnen die Mitteilung auf so grausame Weise gemacht hatte. Wir täten gut daran, nicht zu vergessen, daß unsere sämtlichen Patienten die Hoffnung niemals ganz aufgegeben haben! Sie äußerte sich in unterschiedlichen Vorstellungen, von der Hoffnung auf ein Wunder Gottes bis zu der Illusion, daß die Röntgenbilder vertauscht worden seien. Ob wir nun mit dem Patienten übereinstimmen oder nicht: die Hoffnung dürfen wir ihm nicht nehmen.

Obwohl unsere Kranken bereit waren, offen über Tod und Sterben zu sprechen, gaben sie zu erkennen, wann sie das Thema wechseln wollten; Zeitpunkt und Dauer der Aussprache mußten sie selbst bestimmen können.

Wenn man weiß, auf welche Weise jemand Konfliktsituationen bewältigt hat, kann man bis zu einem gewissen Grad vorhersagen, welche Bewältigungsmechanismen er in der letzten Krise seines Lebens einsetzen wird. Einfache Menschen mit geringer Bildung, geringeren geistigen Ansprüchen und wenig gesellschaftlichen Kontakten scheinen allgemein nicht so große Schwierigkeiten in der Überwindung der letzten Leidensphasen zu haben wie wohlhabende Leute, die materiellen Wohlstand und eine ganze Reihe gesellschaftlicher Beziehungen aufgeben müssen. Offenbar sind diejenigen, die Mühe und harte Arbeit kennen, die ihre Kinder aufgezogen und Befriedigung in ihrer Tätigkeit gefunden haben, eher imstande, dem Tod mit Würde und Fassung entgegenzutreten, als diejenigen, die gewohnt waren, ihre Umgebung zu beherrschen, denen es nicht an gesellschaftlichen Kontakten, aber an sinnvollen menschlichen Beziehungen für die Zeit des letzten Leidens fehlt....

Religiös gebundene Kranke verhalten sich kaum anders als die Patienten ohne Glauben; der Unterschied ist schwer anzugeben, zumal wir nicht definiert haben, was wir unter einem gläubigen Menschen verstehen. Immerhin läßt sich behaupten, daß wir nur auf sehr wenige wahrhaft überzeugte Gläubige gestoßen sind. Diesen wenigen allerdings hat ihr Glaube geholfen; sie verhielten sich ähnlich wie die überzeugten Atheisten. Die meisten Patienten standen irgendwo zwischen diesen beiden Polen und bekundeten einen Glauben, der in Konflikten oder Ängsten nicht zu wahrer innerer Erlösung ausreichte.

Hatten unsere Kranken die Phase der Ergebung und Loslösung aus allen Bindungen erreicht, dann riefen Eingriffe von außen heftige Erregung hervor und verhinderten manchmal sogar das friedvolle Sterben. Diese Phase ist ja ein unübersehbarer Hinweis auf den unmittelbar bevorstehenden Tod, den wir auch bei einigen Patienten mit Sicherheit voraussagen konnten, obwohl keine medizinischen Symptome darauf hindeuteten. Der Patient reagiert auf ein inneres Signalsystem, das ihm das Nahen seines Todes meldet. Wir können solche Hinweise empfangen, ohne wirklich zu wissen, welche psychisch-physiologischen Signale der Kranke erhält. Fragt man ihn, dann ist er durchaus imstande, sich sein Wissen bewußt zu machen; oft hat es uns ein Patient dadurch mitgeteilt, daß er uns bat, uns *sogleich* zu ihm zu setzen, da es am nächsten Tag zu spät sein werde. Wir müssen sehr genau darauf achten, wenn ein Kranker auf solchem Wunsch beharrt, wenn wir nicht die eine Gelegenheit versäumen wollen, ihm zuzuhören, solange es noch Zeit dazu ist.

Wenn wir über den Tod nachdenken, stehen wir immer noch vor dem Tod. Wir sprechen über ein Geschehen, das sich uns wesentlich entzieht. Endgültiges über den Tod wüßte allein der Verstorbene zu sagen; doch ihm hat der Tod den Mund verschlossen. Die Frage, was der Tod sei, muß daher offen bleiben für jene Einsicht, die der Mensch – wenn überhaupt – erst im Tode gewinnt, und die damit zugleich sein Geheimnis bleibt.
Aussagen über den Tod können deshalb nur vorläufig und ungewiß sein. Um so erstaunlicher ist es, daß von der Frage nach dem Tod eine beträchtliche Faszination ausgeht. Woher rührt jene Beharrlichkeit, mit der immer wieder der Tod befragt und gestaltet wird? Warum läßt das Nachdenken über den Tod die Menschheit nicht los? – Vielleicht, weil trotz unserer Unsicherheit der Tod unsere gewisse Zukunft ist. Vielleicht, weil trotz unserer Ratlosigkeit der Tod anderer unser Leben begleitet. Aber die Frage nach dem Tod umgreift mehr: Das Leben selbst erscheint durch den Tod in neuer Sicht. Vom Tod her erhält der Vollzug des Lebens eine neue Prägung. Der Tod formuliert die radikalste Anfrage an den Sinn des Lebens. Er stellt alle Geschäftigkeit, alles Glück in Frage. Nur was vor dem Tod Bestand hat, ist wert, gelebt zu werden. Damit muß die Frage nach dem Tod neu und intensiv gestellt werden: Wie ist das Leben durch den Tod gezeichnet? Steht der Tod allein am Ende oder wirft der Tod schon seinen Schatten über das Leben? Ist er vielleicht ein Begleiter des Menschen ein Leben lang?

4 Jorge Luis Borges
Grenzen

Es gibt eine Verszeile von Verlaine, die mir nicht mehr einfallen wird,
es gibt eine Straße in der Nachbarschaft, die meinen Schritten verboten ist,
es gibt einen Spiegel, der mich zum letzten Mal erblickt hat,
es gibt eine Tür, die verschlossen bleibt bis ans Ende der Welt,
unter den Büchern in meiner Bibliothek (ich habe sie vor mir)
ist eines, das ich nie mehr aufschlagen werde.
Diesen Sommer werde ich fünfzig Jahre alt;
der Tod verheert mich, unablässig.

5 Günter Eich
Abschied

In der Stunde X werde ich dennoch denken, daß die Erde schön war.
Ich werde an die Freunde denken, an die Güte, die ein häßliches Gesicht schön
  macht,
an die Liebe, die die Augen verzaubert.
Ich werde an den Hund denken, meinen Spielgefährten, als ich ein Kind war,
an die blauen Lupinen der Samlandküste während eines Ferienbesuchs,
ich werde noch einmal die langen Schatten der Tannen sehn auf der
  Bauernschmied-Alm
und mit Emmy Gruber auf den Gederer gehn,
ich werde mich erinnern an die Vogelzüge über dem Flugplatz von
  Märkisch-Friedland,

an den Geruch des Bierkellers im Gasthaus zum Hirschen, das meinem Großvater gehörte,
an Holunder, Raps und Mohn, flüchtig gesehen von einem Zugfenster aus,
an das Erröten der vierzehnjährigen Gabriele Dembitza,
an die roten und grünen Lichter eines Flugzeugs, das unter dem Sternbild der Cassiopeia dahinflog,
an den Tanz unter den Lampions des Quatorze Juillet,
an den Duft von Obst morgens an den Verkaufsständen vorm Schloß in Celle,
ich werde denken an den Herzschlag der Eidechse, die mich erblickt hat,
und an ein Gedicht im »Westöstlichen Diwan«, das mich tröstete.

6 Aphorismen/Erfahrungen

Seien wir diskret. Fragen wir die Toten nicht danach, ob sie gelebt haben.
Stanislaw Jerzy Lec

Schritte, die man getan hat, und Tode, die man gestorben ist, soll man nicht mehr bereuen. *Hermann Hesse*

Vor dem Ende sprach Rabbi Sussja: In der kommenden Welt wird man mich nicht fragen: Warum bist du nicht Mose gewesen? Man wird mich fragen: Warum bist du nicht Sussja gewesen? *Martin Buber*

Tsekung, ein Schüler, fragte den Konfuzius: »Besitzen die Toten Bewußtsein?«
»Warum wartest du nicht, bis du tot bist. Du wirst es dann erfahren.«
Lin Yutang

Tomi Ungerer
Die einsteigende Witwe
Lithographie, 1972

7 Wolfgang Mann: Der Tod des Herrn K. oder das Fest aller Seelen

Herr K.: Stadtinspektor, Einkommen eines Beamten im mittleren gehobenen Dienst, 1,73 m groß, sehr ordnungsliebend, knapp 64 kg schwer, ledig, monatliche Abzüge DM 122,46, 35 Jahre alt, getauft. Herr K. geht sonntags zur Kirche, hat keine besonderen Kennzeichen, war früher jugendbewegt und tut so, als hielte er nicht mehr viel davon. Er ist Beamter auf Lebenszeit. Das ist beruhigend. Was ich vergesssen habe: Herr K. ist Nichtraucher.

Herr K. hat jedoch einen Schönheitsfehler. Herr K. ist tot. Man könnte auch sagen: Herr K. ist getötet worden. Für die Leute vom Paßamt machte das keinen großen Unterschied; für Herrn K. vermutlich auch nicht. In jedem Fall ist sein Paß jetzt ungültig.

Laut Polizeibericht und Befund des Amtsarztes trat der Tod am 4. Februar 1961, morgens um 7.58 Uhr MEZ ein. Die näheren Umstände seines Todes sind übrigens bemerkenswert: Herr K. hatte noch Brotreste seines Frühstücks im Mund – er war auf dem morgendlichen Weg zur Dienststelle – und beging die nicht vorhersehbare Dummheit, an einem Feinkostgeschäft stehen zu bleiben.

Er dachte gerade, die Pilze in Dosen seien aber erstaunlich viel billiger als die Pilze in Gläsern. Vielleicht dachte er auch gerade nichts. So starb Herr K.

Der Einfachheit halber entnehmen wir den Rest dem polizeilichen Protokoll des Unfallhergangs:

»... infolge der witterungsbedingten Straßenglätte verlor der Fahrer des LKW beim Einbiegen auf die Brückenrampe die Herrschaft über seinen Wagen; dieser durchbrach nach starkem Schleudern das Geländer in Höhe der rechten unteren Auffahrt und fuhr frontal in die Schaufensterauslage der Firma FEINKOST L. & S., wobei mehrere Passanten von dem Lastzug erfaßt und mitgerissen wurden. Bei den inzwischen identifizierten Toten K. und D. lassen die festgestellten Verletzungen mit Sicherheit den Schluß zu, daß der Tod unmittelbar nach dem Aufprall eingetreten ist...« (Ende des Zitats).

Wie wir sehen, hatte Herr K. den Vorzug eines nahezu öffentlichen Todes. Die Zeitungen bis zum Umkreis von 40 km berichteten von seinem Tod. Nicht jeder stirbt zwischen bunten Fischkonserven und einem zitternden Dieselmotor. So kam es, daß zur Beerdigung sogar einige Verwandte dritten Grades erschienen.

Wie allen kommunal betreuten Toten steht für Herrn K. zunächst die städtische Aussegnungshalle zur Verfügung. Sie hat zwei Eingänge. Einen an der Vorderfront und einen auf der Rückseite. Der vordere Eingang ist für die Lebenden, der hintere für die Toten.

Der Hintereingang ist für Fahrzeuge eingerichtet. Tote werden gefahren. Das geht bedeutend schneller. Ein geübter Mann kann mit den Fahrzeugen bald gut umgehen. Er achtet übrigens darauf, daß es bei der kleinen Schwelle nicht rumpelt. Das ist Pietät. Der Mann macht das oft. Bis zu vierzig Mal am Tag; bei Stoßzeiten. Gelegentlich rumpelt es dann auch einmal. Die sterbliche Hülle – wie wir zu sagen pflegen –, die Herrn K. zu eigen war, wird also zuerst in die Halle eingefahren: von hinten. Dann kommen die Angehörigen: von vorne.

Da sind sie schon. Es scheint noch etwas Zeit zu sein, bis die Feier beginnt. Man wartet noch auf den Kaplan.

Es sind nicht viele, die kamen, um Herrn K. zu Grab zu tragen: die Eltern, ein paar Tanten, ein entfernter Vetter, die Zimmerwirtin. Die Beauftragten der Stadtverwaltung und die Kollegen kommen später. Sie haben dienstfrei; zur Teilnahme an der Beerdigung.

»Daß man sich so wiedersehen muß«, und: »Nehmen Sie's nicht so schwer, vielleicht war alles besser so«, oder: »Er sieht aus, als würde er schlafen«, sind die geflügelten Worte, die bei dieser Gelegenheit ausgetauscht werden.

Der Mann am Hintereingang hat es immer ein wenig eilig. Nicht weil er ständig zuviel zu tun hätte. Aber es ist gut, sich mit Toten ein wenig zu beeilen. Und während die Trauerfeier beginnt, wartet der Mann an der Hintertür mit seinem Karren auf den nächsten Toten. Der Mann weiß, wer der Nächste ist, denn er kennt seinen Namen und seine Nummer.

Der Friedhof ist die größte Grünanlage in der Stadt. Er ist ein mächtiger, wunderschöner Park; er hat seltene Bäume, zwitschernde Vögel, Ruhebänke und gepflegte Wege; er kostet jährlich 14 Millionen, und wir sind stolz auf ihn. Wir gehen darum schnell hinein, legen unsere Toten ab und gehen schnell wieder hinaus. Wir besuchen ihn jährlich und haben Angst davor. Nicht wegen des Mondscheins um Mitternacht, das erzählen wir zum Gruseln unseren Kindern, sondern wegen der kleinen Stelle, an der wir selbst liegen werden.

Herr K. wird über die gepflegten Wege zu seiner kleinen Stelle getragen. Und alle, die ihn dorthin begleiten, sind in Gedanken bei dem lieben Toten:

Die bestellten Kranzträgerinnen denken darüber nach, warum das Grab 336 der Abteilung IX ausgerechnet am anderen Ende des Friedhofs liegen muß; dem Kaplan, der den Mann im Sarg überhaupt nicht kannte, fällt ein, daß er heute noch zwei Berufsschulstunden halten muß, auf die er sich nicht vorbereiten konnte; die sechs in der Uniform des Todes, die mit berufsmäßiger Trauer und in gekonntem Gleichschritt den Sarg tragen, finden, der da drinnen sei für einen allein recht schwer geraten; einer von denen hinter dem Sarg weiß, daß er es selber nicht mehr lange machen wird, und dann gehen sie hinter seinem eigenen Sarg her. Bei der Zimmerwirtin haben schon vierzehn Studentinnen wegen des Zimmers vorgesprochen. Sie hat sich noch nicht entschieden; wo doch Herr K. noch nicht unter der Erde ist! Und einer ist vielleicht auch einfach traurig, dumpf und schmerzhaft, daß es so mit Herrn K. kommen mußte, und es ist gut, daß der Zug unaufhaltsam weiterzieht. Da hat er keine Zeit zum Weinen.

Sie haben den Körper von Herrn K. in die Erde gesenkt. Der Kaplan spricht seine Gebete. Der frisch gekämmte Meßdiener mit dem Kreuz macht sein ernstes Gesicht. Er wartet immer ein bißchen darauf, daß jetzt jemand laut zu weinen beginnt. Bei vielen ist es so, als merkten sie erst in diesem Augenblick, daß der Tote tot ist, für immer, ohne Rückkehr, hoffnungslos. Und hoffnungslos weinen sie dann auch.

Herr K. ist in der Erde, das Grab noch offen. Wir müssen uns jetzt von ihm verabschieden. Sein Paß ist ungültig, die beamtenrechtliche Stellung erloschen; er hat hier nichts mehr zu schaffen. Er ist tot.

Darum grüßen wir ihn noch einmal, den Herrn K., ein letztes Mal, in aller Deutlichkeit zum letzten Mal. Unser »letzter Gruß« – in Goldschrift dreifünfzig mehr – ist gedruckt zu erhalten. Das vereinfacht die Sache. Wenn man zu viel zu tun hat, braucht man nicht einmal selbst zum Grab gehen. Die von der Gärtnerei schicken gerne einen Boten.

Mit dem letzten Gruß ist zu hoffen, daß Herr K. – wo immer er jetzt sein mag – sich in der Tat als verabschiedet betrachtet. Der Mann ist aus den Listen unseres Gedächtnisses zu streichen. Der Kranz hat uns entlastet.

Auch die Frau von nebenan und der Bürokollege erweisen Herrn K. die letzte Ehre. Der Dienstleiter hat sogar über die offene Grube hinweg eine Rede auf den Toten gehalten. Die Worte waren nicht ergreifend. Und niemand erwartete es anders. Er sagte nur, daß wieder einmal mit Herrn K. einer der Besten von uns gegangen sei, und daß wir sein Andenken in Ehren halten wollen. Der Redner machte seine Sache schnell und gut. Man hatte nicht den Falschen geschickt. Aber der Redner wußte, daß er log, wie alle es wußten, die zuhörten. Denn Herr K. war nicht einer der Besten gewesen, sondern ein sehr normaler, vielleicht ein bißchen pedantischer Mensch. Aber er war tot, und so mußte man ihn sich aus dem Gedächtnis loben.

Und die Frauen schauen mit stumpfen Augen in das Grab und sehen sich schon selbst dort unten.

Dann kommen die Männer, die schnelle, harte und gründliche Arbeit leisten müssen. Natürlich, der Arbeitskräftemangel macht sich auch auf den Friedhöfen bemerkbar. Vielleicht kann man in ein paar Jahren wenigstens die Gräber maschinell ausstanzen. Besonders im Winter ist hier die Handarbeit unverhältnismäßig teuer.

8

Paul Konrad Kurz
Erinnerungen – Vorstellungen

Sechs oder sieben Jahre alt war ich, als ich mit Bewußtsein den ersten Toten wahrnahm. Aufgebahrt in seiner Kammer, auf dem Bauernhof, zwischen dunkelgrünen Topfsträuchern und brennenden Wachskerzen, die Haut wächsern, die Hände kalt, wenn man sie anfaßte, mit viel Weihwasser besprengt: mein Onkel, 28 Jahre alt, unverheiratet, scheu, mit gelegentlichen aufmerksamen Worten für mich. Ich hatte ihn lieb. Über Bauchweh hatte er geklagt. Also warme Decken – die gleichen wie für Pferde. Als die nicht mehr halfen, den Arzt geholt. Die Blinddarmoperation kam zu spät.
Jetzt an drei Abenden hintereinander das ganze Dorf in der Dorfkapelle versammelt. Fünfzig »Ave Marias« jeden Abend zu den Gesätzchen des schmerzhaften Rosenkranzes, von »Der für uns Blut geschwitzt hat« bis »Der für uns am Kreuz gestorben ist«. Das dauerte für mich eine Ewigkeit. Die Knie taten weh. Nur die brennenden Kerzen entschädigten für die schmerzliche Langeweile, ihr Flackern, ihr Tropfen. Die Stimme der Vorbeterin (deren soziales Prestige in diesen Tagen bedeutend zunahm) – die Bassisten der Männerseite – die hurtig und geschlossen einsetzende Frauenseite. Dann durften die Frauen beginnen, die Männer fortfahren. Alle Leute waren dunkel gekleidet, tief über die Kniebänke gebeugt. Stallgeruch, das Naphthalin der Mottenkugeln, schweres Bienenwachs. Laut schluchzen durften die Frauen, in sich gekehrt weinen von den Männern die nächsten Angehörigen. Andere waren zur Maske erstarrt. Zuletzt erlöste uns Kinder vom niedrigen Glockenstuhl herab die Angelus-Glocke, die jetzt Sterbeglocke war. Das Feierliche war geschafft. Das »Käppele«, eher ein Kitschladen als eine Sehenswürdigkeit, hatte wieder einmal seine Bedeutung erwiesen. Niemand zweifelte. Man kehrte befriedigt heim. Nachbarn kamen mit und gaben dem Toten mit eingetauchten Buchsbaumzweigen zum soundsovielten Mal Weihwasser auf den Weg. Der rührte sich nicht, hielt die Augen geschlossen, auch wenn ein Wasserspritzer das Lid traf, lag streng und friedlich aufgebahrt. Nachts schrie das Käuzchen. Das Unheimliche ließ sich nicht verbergen.
Als sich mit den Tagen in der Trauer schon beinahe Gewöhnung einschlich – und Ermüdung, kam als Höhepunkt die Beerdigung. Ich hatte gehört, wie die Erwachsenen miteinander besprochen hatten, welchen Pferden die Ehre des Gespanns zukommen, welcher Bauer mit Frack und Zylinder hoch oben auf der Kutschbank sitzen durfte. Man schlief schlecht in der Nacht vor der Beerdigung, mußte früh aufstehen. Was kümmerte die Kühe und Pferde und die kleineren Vierbeiner im Stall der Tote. Und schließlich hatten Verwandte übernachtet. Die waren zwanzig und sogar siebzig Kilometer mit dem Zug hergefahren und hatten erst eine oder zwei Stunden zu Fuß gehen müssen, bis sie den Zug erreichten. Ich hatte neue Schuhe an und neue Hosen. Ich trieb mich, nicht allzu aufdringlich, aber doch mit entschiedener Neugier überall herum, wo es etwas zu sehen und hören gab. Man fand sich in der großen Stube, in der Küche, im Hausgang und vor dem Haus ein. Und dann kam er, vierspännig, schwarz poliert, mit vier vergoldeten Laternen an den vier Enden und mit einem Wagenlenker von Gardemaßen, mit weißen Handschuhen obenauf. Das war ein Totenwagen! Und nicht einmal die Trauerflore am Zaumzeug konnten verbergen, daß die herrlich glänzenden Pferde doppelt soviel Hafer bekommen hatten diesen Morgen. Und dann wurde der Totenwagen mit Kränzen behängt. Die Leute kamen aus allen Häusern und stellten sich auf mit gedämpfter Stimme. Ein für meine Augen geradezu riesiger Zug setzte sich in Bewegung in Richtung Marktflecken, wo der Friedhof war. Dann kamen der Pfarrer hinzu und die Ministranten. Und immer noch mehr Leute. Und es wurde immerfort gebetet. Und am Grab wurde mit Weihrauch und Weihwasser dem Toten weitergeholfen. Erst als die Träger den Sarg in die Erde ließen und der Mesner die Gurte hochzog, griff mir das Schluchzen meiner Mutter ins Mark. Eine Schaufel Erde besiegelte die biblische Gemeinsamkeit des Toten mit aller Kreatur. Die

lateinische Liturgie nahm ihren Lauf mit viel »Lux aeterna luceat ei« und »Requiescat in pace«. Weit ausgreifend, als wär's ein trojanischer Held gewesen, rühmte der Pfarrer in weißer Albe mit Stola und Rauchmantel den Lebenslauf des Verstorbenen und wußte zu guter Letzt teilnehmend und gelassen den Trost unserer »katholischen Religion« einzusetzen. Zuletzt ein »Vaterunser für das Nächststerbende aus unserer Mitte«. Weil man nicht wußte, ob es ein »er« oder eine »sie« sein werde, sagte man vorsichtshalber »das«. Und da ging noch einmal jeder in sich, denn jeder wußte, daß er sterben mußte. Der prozessionale Abschied vom Grab mit Beileidsbekundungen für die Angehörigen und Weihwasserbesprengungen für den Toten dauerte nochmals eine halbe Stunde. Hernach sagte jedermann, »es war eine schöne Leich«.

Der Übergang zum letzten Akt geschah mit einer gewissen Eile. Der knurrende Magen ließ keinen Zweifel, welche Stunde inzwischen geschlagen hatte. Im Gasthof »Krone« (mit eigener Brauerei, wie jedermann wußte) stand das Totenmahl bereit. Das Schweigen löste sich; die Magennerven beruhigte das Bier. Man sah den Vetter, das Bäsle, die »Gotte« und den »Götte«, verschwisterte und verschwägerte Onkel und Tanten, erzählte sich von Kindern und Kindeskindern, von Taufen, Schulabgängen, Heiraten, von Kühen, Äckern und Pferden nach Zahl, Maß und Gewicht. Man durfte weiter leben. Eine souveräne Regie überspielte die Trennung von dem Toten. Die weltliche Liturgie nach der geistlichen. Hätten die Leute nicht alle Schwarz getragen, ein Fremder wäre nicht sicher gewesen, ob es sich nicht um einen Hochzeitsschmaus gehandelt hätte. Am späten Nachmittag mußte man sich trennen bis zur nächsten Geburt, Heirat – hoffentlich nicht Beerdigung. Aber jeder wußte, daß er damit rechnen mußte. Denn der Tod gehörte ebenso zum Leben wie die Geburt.

In den nächsten Tagen meine wiederholte Frage: »Mutter, wohin ging der Onkel?« Die Antwort bot »den lieben Gott« auf. Einsilbig wurde die Mutter, als ich mit der »Warum«-Frage nachsetzte und schließlich mit der Zumutung: »Wann kommt er wieder?«

Vergleichbares hatte vierzig Jahre später unser vierjähriger Sohn gefragt, als wir im Urlaub an der Schwarzmeerküste am Strand unvermittelt auf einen Ertrunkenen stießen. Wir dachten, der Sturm hätte einen großen Fisch auf den Sand geworfen, folgten unserer Neugier. Auf fünfzig Schritte, kaum daß wir den Sachverhalt wahrnahmen, schrie unser Vierjähriger auf und war, trotz entschiedenster Ablenkungsversuche unsererseits, nicht zu beruhigen. Er hatte gesehen, daß es ein Mann war, begriffen, daß der Mann tot war. Das Ereignis des Todes traf ihn unvorbereitet, plötzlich. Sein Erschrecken war elementar. Der Tod paßte nicht in die Urlaubs- und Erholungswelt. Die Strandnachrichten verschwiegen ihn. Aber noch heute, nach einem ganz anderen Urlaub, spricht unser Kindergartenbub von diesem Toten. Auch er hatte gefragt: »Wohin geht der Mann, wenn er tot ist?« Ich wollte zu einer langen Rede ansetzen. Da sagte er von sich aus: »Ich weiß, der geht in ein anderes Land.« Und dann entwickelte er eine fast vollständige mythische Totenvorstellung. Carl Gustav Jung hätte an seinem kleinen Zeugen Freude gehabt.

9

Joachim Besser
Tod in Amerika

Die Bräuche, die den Tod eines Menschen umgeben, stehen in enger Wechselbeziehung zur Auffassung vom Leben. Offensichtlich hat sich in der Neuzeit ein neuer Lebensstil ausgeprägt, der in Nordamerika zuerst entfaltet wurde: der Lebensstil der technisch-wissenschaftlichen Zivilisation. Der Tod scheint darin eine andere, der Tradition fremde Rolle zu spielen. Vielleicht muß man sagen, der Tod hat seinen Ort verloren.
Der Schriftsteller Evelyn Waugh, auf den J. Besser Bezug nimmt, schrieb 1948 über diese gestörte Beziehung zum Tod eine Satire: »Der Tod in Hollywood«. Der Roman erzählt, wie der Tod kosmetisch verschönt wird, und wie pseudo-religiöse Riten ihn feierlich verdrängen.

...Natürlich hatte ich viel über Amerikas Verhältnis zum Tod gelesen, und Evelyn Waughs Schilderungen aus Kalifornien waren mir nicht unbekannt, bevor ich nach Amerika fuhr. Aber sie schienen mir übertrieben und verzerrt. Ich ging daher eines Tages zu dem Besitzer eines »Funeral Home« in einem Vorort New Yorks.
Er schilderte mir seine Tätigkeit. Ich lernte dabei, daß man auf sehr verschiedene Art aufgebahrt werden kann und daß Geld keine geringe Rolle dabei spielt. Worum es bei ihm und allen anderen Unternehmen seiner Art ging, war dies: Den Toten so herzurichten, daß er nicht tot, sondern lebendiger als ein Lebender wirkte.
Das erfordert viel Arbeit. Der Tote muß mit vielen Chemikalien behandelt werden, um den Verfall aufzuhalten. Er muß geschminkt werden, damit die Blässe verdeckt wird. Er muß so gekleidet werden als stünde er im Begriff, auszugehen. Mit einem Wort: Er muß so aussehen, als sei er nicht tot.

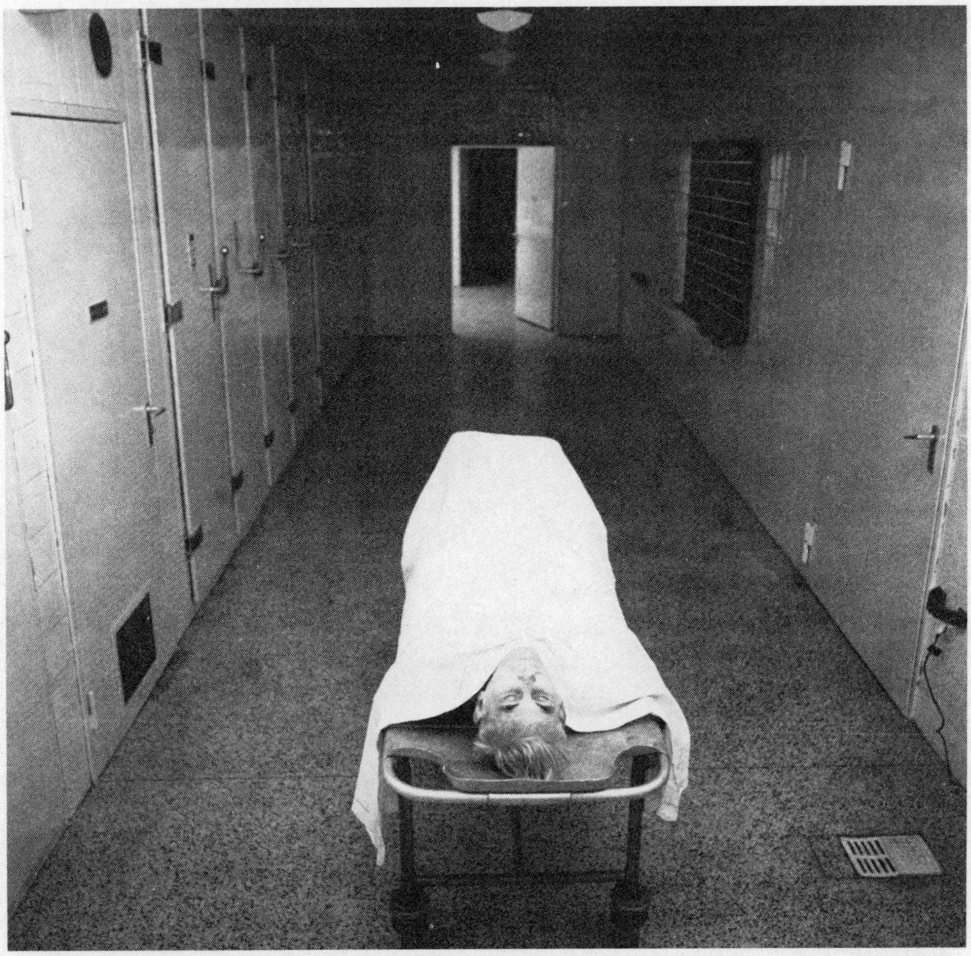

Und warum das alles, fragte ich den todeifrigen Herrn und Besitzer des schönen Hauses. Er sagte: »Die Leute wollen doch noch zusammensein mit dem Verschiedenen, bevor er begraben wird. Läge er so da, wie er wirklich als Toter aussieht, würden sie doch eine dunkle und bedrückende Erinnerung an ihn behalten. Sie wollen ihn aber als Lebenden im Gedächtnis tragen.«
Ob ich vielleicht einmal einer Aufbahrung beiwohnen könne, fragte ich. Natürlich, sagte er, das ist kein Problem. Kommen Sie morgen gegen 4.00 Uhr nachmittags. Da haben wir eine große Gesellschaft hier.
Ich könne doch aber als Fremder nicht einfach dazukommen, meinte ich. Niemand kenne mich, und man werde mein Eindringen als Indiskretion auslegen.
Aber nein, erwiderte mein Unternehmer, da kämen viele, die man gar nicht kenne. Jeder sei willkommen. Je mehr erschienen, desto deutlicher sähen dann die Verwandten, wie beliebt der Verblichene gewesen sei. Ich möge keine Hemmungen haben.
Ich legte also meine europäische Scheu nicht ohne Mühe ab, zog einen dunklen Anzug an, wählte meine schwärzeste Krawatte und erschien gegen 4.00 Uhr. Die Türen waren geöffnet. Ich kam in einen großen Saal, der voller Blumen und Menschen war. Jemand eilte auf mich zu, schüttelte mir erfreut die Hand und erklärte mir, die Familie sei glücklich, daß ich auch gekommen sei, um die letzten Stunden mit dem lieben John zu verbringen. Man brachte mir eine Tasse Kaffee und Kuchen. Rundherum waren viele Menschen in lebhafter, fast heiterer Unterhaltung. Mir war, als sei ich auf einer der bekannten Cocktail-Parties.
Wo aber war der Tote? Er saß aufrecht mitten innerhalb der schwatzenden Gesellschaft, starrte mit offenen Augen auf das Treiben, als habe er seine Freude an soviel Lustigkeit. Sein Oberhemd war tadellos, die Krawatte der Gelegenheit entsprechend dezent, aber nicht traurig, und rot geschminkte Wangen täuschten angeregte Teilnahme an den Vorgängen im Raum vor. »Sieht er nicht wunderbar aus«, fragte mich jemand. Mir blieb nichts übrig als zuzustimmen. »Schöner fast als im Leben«, sagte ein anderer. »Sie machen es großartig hier«, fügte er hinzu.

10 Todesanzeige

Still und leise
ersticken sie an unserem Schweigen.

Am 9. Juni 1976 verstarb im Gwelo-Gefängnis in Rhodesien nach mehr als 10jähriger Inhaftierung

Edward Bhebe

im Alter von 46 Jahren.

Seit 1965 saß er wegen seiner politischen Überzeugung im Gefängnis, ohne Gewalt angewendet zu haben. In dieser Zeit wurde er weder angeklagt noch verurteilt. Trotz schwerer Krankheit erhielt er keinerlei ärztliche Versorgung.

Edward Bhebe hinterläßt Frau und 5 Kinder.

„amnesty international", Gruppe 434 Neunkirchen

Spendenkonto: NK Bank 16261-50

Kennwort: E. Bhebe

Deutungen des Todes

»Was dem Leben Sinn verleiht, gibt auch dem Tod Sinn.« (Antoine de Saint-Exupéry) Das Wort verweist auf den engen Zusammenhang von Lebensdeutung und Interpretation des Todes. Im Tod steht das Leben auf dem Spiel, nicht nur, weil es im Tod erlischt, sondern auch, weil der Wert gelebten Lebens sich im Anblick des Todes relativiert. Philosophische Deutungen und religiöse Vorstellungskraft bemühen sich daher, das Leben angesichts des Todes zu rechtfertigen und den Tod mit dem Selbstbehauptungswillen des Lebens zu versöhnen.

11 Markus 15,20b–39
Der Tod Jesu

Über den Tod Jesu haben wir keine Berichte von Augenzeugen. In der Darstellung der Evangelien geht es weniger um das historische Geschehen als um die Frage, wie der Tod Jesu verstanden werden kann und wie in ihm die Bedeutung Christi sichtbar wird.
Der biblische Schriftsteller gestaltet das Sterben Jesu im Rückgriff auf den Psalm 22, der vom Tod des Gerechten handelt.

[20]Dann führten sie ihn hinaus, um ihn zu kreuzigen. [21]Einen Mann, der gerade vom
Feld kam, Simon von Zyrene, den Vater des Alexander und des Rufus, zwangen sie,
sein Kreuz zu tragen. [22]Und sie brachten Jesus an einen Ort namens Golgota, das
heißt übersetzt Schädelhöhe. [23]Dort reichten sie ihm mit Myrrhe gemischten Wein,
er aber nahm ihn nicht. [24]Dann kreuzigten sie ihn. *Sie warfen das Los und verteilten
seine Kleider,* sie gaben jedem, was ihm zufiel. [25]Es war die dritte Stunde, als sie ihn
kreuzigten. [26]Und eine Tafel gab den Grund seiner Verurteilung an: Der König der
Juden. [27]Zusammen mit ihm kreuzigten sie zwei Räuber, den einen rechts, den
anderen links von ihm. [(28)] [29]Die Leute, die vorübergingen, verspotteten ihn; sie
schüttelten den Kopf und riefen: Du reißt den Tempel nieder und baust ihn in drei
Tagen wieder auf! [30]Hilf dir doch selbst und steig herab vom Kreuz! [31]Ebenso
verhöhnten ihn die Hohenpriester und Schriftgelehrten und sagten zueinander:
Andern hat er geholfen, sich selbst kann er nicht helfen. [32]Der Messias, der König — Thema
von Israel! Er soll doch jetzt vom Kreuz herabsteigen, damit wir sehen und glauben.
Auch die beiden Männer, die mit ihm zusammen gekreuzigt wurden, beschimpften
ihn.
[33]Als die sechste Stunde kam, brach über das ganze Land eine Finsternis herein, die
bis zur neunten Stunde dauerte. [34]Und in der neunten Stunde rief Jesus laut: Eloi,
Eloi, lama sabachtani? Das heißt übersetzt: *Mein Gott, mein Gott, warum hast du
mich verlassen?* [35]Einige von denen, die dabeistanden und es hörten, sagten: Hört,
er ruft den Elija. [36]Einer lief herbei und füllte einen Schwamm mit Essig; er steckte
ihn auf einen Stock und gab Jesus zu trinken. Dabei sagte er: Wir wollen sehen, ob
Elija kommt und ihn herabnimmt. [37]Jesus aber stieß einen lauten Schrei aus und
starb. [38]Da riß der Vorhang im Tempel von oben bis unten entzwei. [39]Als der
Hauptmann, der Jesus gegenüberstand, ihn auf diese Weise sterben sah, rief er aus:
Wahrhaftig, dieser Mensch war Gottes Sohn!

Gottverlassenheit
Gottesferne

Evangelium hat Verkündigungscharakter

keine Lebensgeschichte Jesu

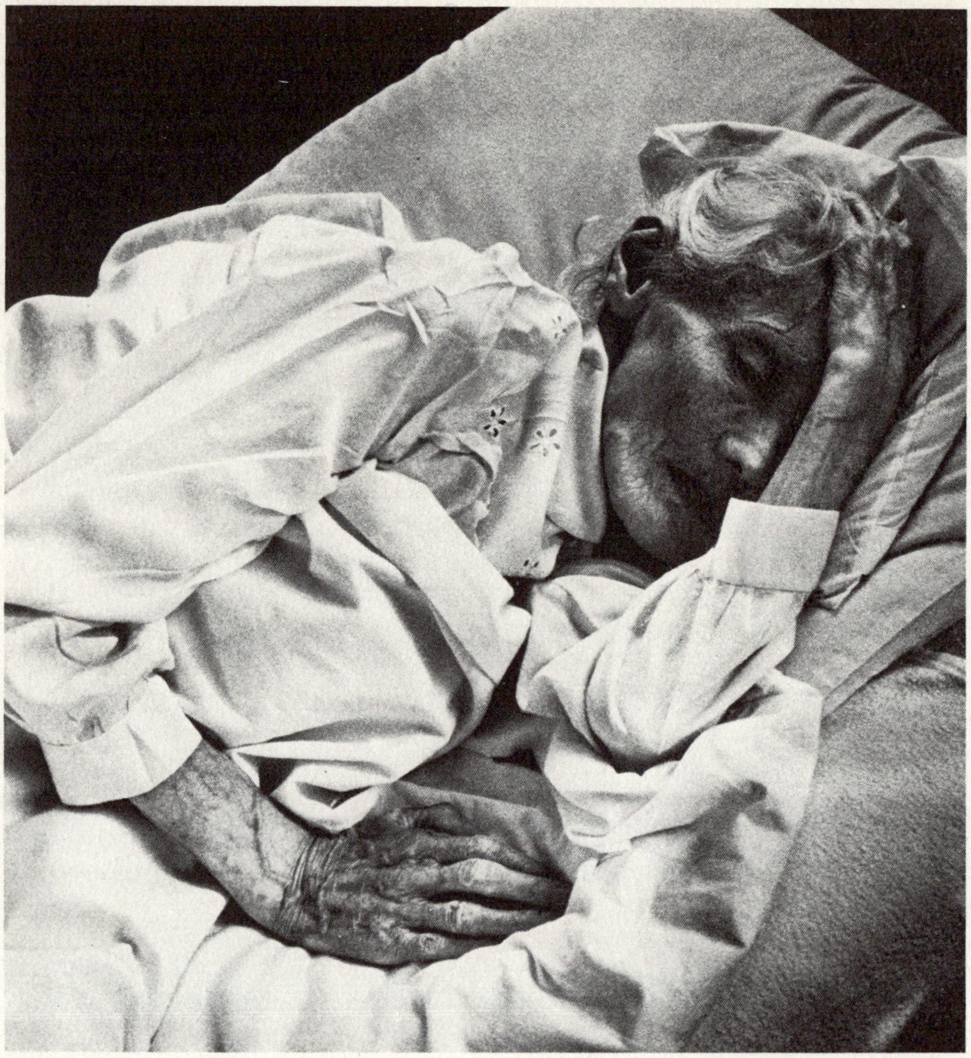

12

Platon
Der Tod des Sokrates

In den Evangelien durchdringen sich geschichtliche Ereignisse und theologische Deutungen. Ähnlich verhält es sich mit den Dialogen Platons. Sie zeichnen ein Bild von Sokrates, in dem die Verehrung Platons für seinen Lehrer die biographische Wirklichkeit liebevoll verklärt. Sokrates selbst erscheint darin als der Anwalt der philosophischen Überzeugungen Platons.
Die Athener verurteilten Sokrates im Jahre 399 v. Chr. zum Tod durch den Giftbecher, weil er – so die Anklage – nicht an die staatlichen Götter glaube, neue Götter einführe und die Jugend verderbe.
Die letzten Stunden vor seinem Tod, die Sokrates im Kreise seiner Freunde verbringt, bilden den Rahmen des Dialogs »Phaidon«. Darin erzählt Phaidon, ein Zeuge der Ereignisse, vom Sterben des Sokrates und von den Gesprächen, die diesem vorausgingen. Jene Gespräche, ein Kranz von Erörterungen zwischen Sokrates und seinen Freunden, kreisen um den Tod. Der Philosoph tritt ihm gelassen und ohne Furcht entgegen; denn er glaubt, daß mit dem Tod die unsterbliche Seele sich von den Fesseln des Körpers befreit und in ihre Heimat, in das göttliche Reich der Ideen, zurückkehrt. Sokrates bewährt seine philosophische Lehre von der Präexistenz und dem Fortleben der Seele in der Stunde seines Todes.

Nachdem er gebadet hatte, brachte man seine Kinder zu ihm – er hatte nämlich zwei kleine Söhne und einen großen – und es kamen auch die Frauen seiner Verwandtschaft. In Kritons Gegenwart sprach er mit ihnen und trug ihnen auf, was sein Wille war; dann hieß er die Frauen und Kinder wieder fortgehen, er selbst aber kam zu uns. Und der Untergang der Sonne stand schon nahe bevor, denn er hatte lange Zeit drinnen verweilt.
So kam er also, setzte sich frisch gebadet nieder und sprach danach nicht mehr viel. Dann kam der Diener der Elf-Männer, trat zu ihm und sprach: ›Sokrates, über Dich werde ich nicht klagen müssen, wie ich über andere zu klagen habe, daß sie mir zürnen und fluchen, wenn ich sie aufforderte, nach dem Befehl der Archonten das Gift zu nehmen. Dich aber habe ich auch in anderer Beziehung während dieser Zeit als den edelsten und sanftesten und besten Mann von allen erkannt, die jemals hierher gekommen sind; und so weiß ich denn auch jetzt gewiß, daß Du nicht mir zürnest, sondern jenen – denn Du kennst ja die Schuldigen. Also denn, Du weißt, mit welcher Botschaft ich gekommen bin; lebe wohl und suche das Unvermeidliche so leicht als möglich zu tragen!‹ Dabei traten ihm die Tränen in die Augen, und so wandte er sich um und ging.
Und Sokrates sah ihm nach und sprach: ›Auch Du lebe wohl, und tun wir also [wie Du sagst].‹ Und rasch zu uns [gewendet] sprach er: ›Wie feinfühlig ist der Mann! Auch während dieser ganzen Zeit kam er zu mir und unterhielt sich zuweilen mit mir und war der beste Mensch – und jetzt, wie ehrlich beweint er mich! Aber wohlan, Kriton: laß uns ihm gehorchen, und es bringe einer das Gift, wenn es [schon] gerieben ist. Wenn aber nicht, dann soll der Mann es reiben.‹
Da sagte Kriton: ›Aber ich glaube, Sokrates, die Sonne steht noch auf den Bergen und ist noch nicht untergegangen! Und zudem weiß ich, daß auch andere erst sehr spät, nachdem es ihnen angekündigt worden war, getrunken haben, und haben sogar noch sehr gut gegessen und getrunken, und einige waren noch mit Schönen zusammen, nach denen sie gerade Verlangen hatten. Übereile Dich also nicht, denn Du hast noch Zeit.‹
Da sagte Sokrates: ›Mit Recht, Kriton, tun jene, von denen Du redest, diese Dinge, denn sie glauben etwas zu gewinnen, wenn sie so tun – und mit Recht will ich meinerseits sie nicht tun; denn dadurch, daß ich ein wenig später trinke, glaube ich weiter nichts zu gewinnen, als daß ich mich vor mir selber lächerlich mache, wenn ich so am Leben klebe und da spare, wo nichts mehr ist. Geh also‹, sagte er, ›gehorche mir und suche nichts anderes zu tun.‹
Als Kriton das hörte, winkte er dem Knaben, der in seiner Nähe stand. Und der Knabe ging hinaus, und nachdem er längere Zeit weggeblieben, kam er und führte den [Mann] herein, der das Gift reichen sollte und es, [zum Trinken] gerieben, in einem Becher brachte. Wie Sokrates den Mann sah, sprach er: ›Also, mein Bester, Du verstehst Dich ja wohl darauf: was muß man tun?‹
›Nichts weiter als folgendes‹, antwortete [jener]: ›Wenn Du getrunken hast, geh umher, bis Dir die Schwere in die Schenkel kommt. Dann lege Dich nieder, und so wird es von selbst wirken.‹
Damit reichte er dem Sokrates den Becher. Und der, Echekrates, nahm ihn, und zwar ganz heiter, ohne zu zittern noch die Farbe oder die Gesichtszüge zu verändern; sah vielmehr dem Mann, wie er gewohnt war, fest ins Auge und sprach: ›Was meinst Du, ob man von diesem Trunk jemandem spenden darf? Ist es erlaubt oder nicht?‹
›Wir reiben nur soviel, Sokrates‹, antwortete [jener], ›als unserer Meinung nach das Maß für einen Trunk beträgt.‹
›Ich verstehe‹, sagte [Sokrates]. ›Aber zu den Göttern beten darf man doch wohl gewiß und soll es auch, auf daß die Wanderung von hier dorthin heilbringend vonstatten gehe. Darum bete ich denn auch, und möge es also geschehen!‹ Und kaum hatte er das gesagt, setzte er an und trank sehr heiter und gelassen aus.
Die meisten von uns waren bis jetzt einigermaßen imstande gewesen, sich zu beherrschen und nicht zu weinen, als wir aber sahen, wie er trank, und dann, wie er getrunken hatte, nicht mehr.

Sokrates: Ich weiß, daß ich nichts weiß!

Auch mir flossen die Tränen gegen meinen Willen und in Strömen herab, so daß ich mich verhüllte und mich selbst beweinte – denn nicht ihn, sondern mein eigenes Los [beweinte ich], weil ich eines solchen Freundes beraubt sein sollte. Kriton war noch vor mir aufgestanden, weil er die Tränen nicht zurückzuhalten vermochte. Apollodoros aber hatte schon vorher nicht aufgehört zu weinen und schrie nun auf, klagend und außer sich geratend, und unter den Anwesenden war nicht einer, den [sein Jammer] nicht erschüttert hätte, außer Sokrates selbst.
Der aber sagte: ›Was tut Ihr doch, Ihr törichten Leute? Ich habe doch eben deswegen die Frauen weggeschickt, damit sie keine solche Torheiten anstellen sollten – habe ich doch gehört, man müsse unter heiligem Schweigen sterben. Haltet also Ruhe und seid standhaft!‹
Und als wir das hörten, schämten wir uns und hörten mit Weinen auf.
Er ging umher, und als, wie er sagte, seine Schenkel schwer wurden, legte er sich auf den Rücken, denn so hatte der Mann ihn geheißen. Dieser, der ihm das Gift gegeben, befühlte ihn dann nach einiger Zeit und untersuchte seine Füße und Schenkel. Darauf drückte er ihm heftig den Fuß und fragte, ob er es empfinde, [Sokrates] aber verneinte es; und danach die Unterschenkel, und so ging er immer höher hinauf und zeigte uns, wie er erkaltete und erstarrte. Und [dann] faßte er ihn [noch einmal] an und sagte, wenn es ihm bis ans Herz komme, werde er sterben. Schon war er um den Unterleib her fast kalt geworden, da enthüllte er sich noch einmal – denn er hatte sich verhüllt – und sagte, was seine letzten Worte sein sollten: ›Kriton, wir schulden dem Asklepios einen Hahn. Opfert ihm den und versäumt es nicht!‹
›Wahrlich, das soll geschehen‹, antwortete Kriton. ›Aber sieh, ob Du sonst noch etwas sagen willst?‹
Auf diese Frage antwortete er nichts mehr, sondern kurze Zeit darauf zuckte er, und der Mann deckte ihn auf: da waren seine Augen gebrochen. Als Kriton das sah, schloß er ihm den Mund und die Augen.
So war das Ende unseres Freundes, Echekrates – eines Mannes, von dem wir wohl sagen dürfen, daß er unter allen, die zu seiner Zeit lebten und die wir kennenlernten, der Beste und überhaupt der Einsichtsvollste und Gerechteste gewesen ist.

13 Psalm 88
Am Rande des Totenreiches

Im Unterschied zum Neuen Testament und zum christlichen Glauben spielt im Denken des Alten Testaments der Tod keine zentrale Rolle. Sterben und Tod waren auch für die Menschen des Jahrtausends vor Christus bedrückende Erfahrungen; dennoch bleibt das Alte Testament diesen gegenüber zurückhaltend, ja es läßt sich aus heutiger Sicht ein gewisser Mangel an theologischer Reflexion über den Tod feststellen. Ein wichtiger Grund für diese Zurückhaltung mag darin bestehen, daß der alttestamentliche Mensch eingebunden war in die Großfamilie (Sippe). Davon wird auch der Jahweglauben bestimmt. Weil Jahwe als der Gott des Lebens und als ein Gott der Lebenden verehrt wird, erwächst aus dieser Überzeugung eine überaus große Wertschätzung des Lebens und eine Distanz zum Tod als einer gottfremden Wirklichkeit.
Wie die Patriarchen alt und lebenssatt, im Anblick zahlreicher Nachkommenschaft, zu sterben, war der Wunsch des Frommen und sichtbares Zeichen eines erfüllten Lebens. Das Schicksal der Verstorbe-

nen wird in verschiedenen Bildern ausgedrückt, die Israel mit den Nachbarvölkern gemeinsam hat. Wie ein von Krankheit und Tod gezeichneter Frommer sein Schicksal erlebt, vor allem, in welche religiöse Bedrängnis ihn das Sterben bringt, davon legt Psalm 88 Zeugnis ab.

1 (Ein Lied. Ein Psalm der Korachiter. Für den Chormeister.
Nach der Weise »Krankheit« zu singen.
Ein Weisheitslied Hemans, des Esrachiters.)
2 Herr, du Gott meines Heils,
zu dir schreie ich am Tag und bei Nacht.
3 Laß mein Gebet zu dir dringen,
wende dein Ohr meinem Flehen zu!

Leben ist höchste Gut

4 Denn meine Seele ist gesättigt mit Leid,
mein Leben ist dem Totenreich nahe.
5 Schon zähle ich zu denen, die hinabsinken ins Grab,
bin wie ein Mann, dem alle Kraft genommen ist.
6 Ich bin zu den Toten hinweggerafft,
wie Erschlagene, die im Grabe ruhen;
an sie denkst du nicht mehr,
denn sie sind deiner Hand entzogen.
7 Du hast mich ins tiefste Grab gebracht,
tief hinab in finstere Nacht.
8 Schwer lastet dein Grimm auf mir, all deine Wogen stürzen über mir zusammen.
(Sela)
9 Die Freunde hast du mir entfremdet,/
mich ihrem Abscheu ausgesetzt;
ich bin gefangen und kann nicht heraus.

AT – Tod

- Schattendasein in der Unterwelt
- Abbruch aller Beziehungen, die das Leben bestimmt haben
- Ende des Gottesverhältnis
⇒ keine Hoffnung auf Weiterleben

10 Mein Auge wird trübe vor Elend. /
Jeden Tag, Herr, ruf' ich zu dir;
ich strecke nach dir meine Hände aus.
11 Wirst du an den Toten Wunder tun,
werden Schatten aufstehn, um dich zu preisen? (Sela)
12 Erzählt man im Grab von deiner Huld,
von deiner Treue im Totenreich?
13 Werden deine Wunder in der Finsternis bekannt,
deine Gerechtigkeit im Land des Vergessens?

14 Herr, darum schreie ich zu dir,
früh am Morgen tritt mein Gebet vor dich hin.
15 Warum, o Herr, verwirfst du mich,
warum verbirgst du dein Gesicht vor mir?

16 Gebeugt bin ich und todkrank von früher Jugend an,
deine Schrecken lasten auf mir, und ich bin zerquält.
17 Über mich fuhr die Glut deines Zorns dahin,
deine Schrecken vernichten mich.
18 Sie umfluten mich allzeit wie Wasser
und dringen auf mich ein von allen Seiten.
19 Du hast mir die Freunde und Gefährten entfremdet;
mein Vertrauter ist nur noch die Finsternis.

14

Ezechiel 37,1-14
Die Auferweckung Israels

Das Wort »Tod« meint zunächst das Ende der biologischen Prozesse. »Tod« kann aber auch als Metapher verwendet werden: Beschädigtes Leben, Verlust an Gemeinschaft, Erniedrigung. Umgekehrt meint »Leben« Erfüllung und Glück. In der religiösen Sprache können »Erlösung« und »Auferstehung« das Umschlagen vom so verstandenen Tod ins Leben hinein bezeichnen.

Der Prophet Ezechiel lebte im 5. Jahrhundert vor Christus und wurde nach der Eroberung Jerusalems durch Nabuchodonosor (597) nach Babylonien deportiert. Der vom Sieger eingesetzte König Zidkija unternahm wenige Jahre später einen Aufstand. In einem Rachefeldzug zerstörten die Babylonier die Stadt Jerusalem und deren Tempelanlagen – Zentrum und Wahrzeichen religiösen Lebens und völkischer Identität. Damit zerschlugen sich auch die Hoffnungen der Exilierten auf baldige Rückkehr, auf Rückgewinnung staatlicher Souveränität und Erneuerung des kultischen Lebens.

Angesichts dieser Hoffnungslosigkeit wird Ezechiel zum Propheten künftigen Heils, der in visionären Bildern dem Volk die Rückkehr nach Israel und den Wiederaufbau des Tempels verheißt. Frühchristliche Schriftsteller (Justin der Märtyrer, Irenäus von Lyon, Tertullian u. a.) haben manche alttestamentlichen Texte nachträglich als Schriftbeweise für den christlichen Auferstehungsglauben interpretiert. Die folgende Vision Ezechiels galt ihnen als Hauptbeleg im Alten Testament.

Die Hand des Herrn legte sich auf mich, und der Herr brachte mich im Geist hinaus
und versetzte mich mitten in die Ebene, die voll von Gebeinen war. 2 Er führte mich
ringsum an ihnen vorüber, und ich sah sehr viele über die Ebene verstreut liegen; sie
waren ganz ausgetrocknet. 3 Er fragte mich: Meinst du, Mensch, daß diese Gebeine
wieder lebendig werden? Ich antwortete: Herr und Gott, das weißt nur du. 4 Da sagte
er zu mir: Sprich als Prophet über diese Gebeine und sag zu ihnen: Ihr trockenen
Gebeine, hört das Wort des Herrn! 5 So spricht Gott, der Herr, zu diesen Gebeinen:
Ich selbst hauche euch Atem ein, damit ihr lebendig werdet. 6 Ich spanne Sehnen
über euch und umgebe euch mit Fleisch; ich überziehe euch mit Haut und hauche
euch Atem ein, damit ihr lebendig werdet. Dann werdet ihr erkennen, daß ich der
Herr bin. 7 Da sprach ich als Prophet, wie mir befohlen war; und noch während ich
redete, hörte ich auf einmal ein Geräusch: Die Gebeine rückten zusammen, Bein an
Bein. 8 Und als ich hinsah, waren plötzlich Sehnen auf ihnen, und Fleisch umgab sie,
und Haut überzog sie. Aber es war noch kein Atem in ihnen. 9 Da sagte er zu mir:
Rede als Prophet zum Geist, rede, Mensch, sag zum Geist: So spricht Gott, der
Herr: Geist, komm herbei von den vier Winden! Hauch diese Toten an, damit sie
lebendig werden. 10 Da sprach ich als Prophet, wie er mir befohlen hatte, und es kam
Atem in sie. Sie wurden lebendig und standen auf – ein großes, gewaltiges Heer.
11 Er sagte zu mir: Mensch, diese Gebeine sind das ganze Haus Israel. Jetzt sagt
Israel: Ausgetrocknet sind unsere Gebeine, unsere Hoffnung ist untergegangen, wir
sind verloren. 12 Deshalb tritt als Prophet auf und sag zu ihnen: So spricht Gott, der
Herr: Ich öffne eure Gräber und hole euch, mein Volk, aus euren Gräbern herauf.
Ich bringe euch zurück in das Land Israel. 13 Wenn ich eure Gräber öffne und euch,
mein Volk, aus euren Gräbern heraufhole, dann werdet ihr erkennen, daß ich der
Herr bin. 14 Ich hauche euch meinen Geist ein, damit ihr lebendig werdet, und bringe
euch wieder in euer Land. Dann werdet ihr erkennen, daß ich der Herr bin. Ich habe
gesprochen, und ich führe es aus – Wort des Herrn.

*Walter Habdank
Holzschnitt, 1960*

15

Daniel 12,1-4
Auferstehung und Vergeltung

»Wer eine Grube gräbt, fällt in sie hinein; wer einen Stein hochwälzt, auf den rollt er zurück« (Spr 26,29), lautet ein Sprichwort im AT, das sich in ähnlicher Form auch in unserem Sprichwortschatz findet. Darin drückt sich ein verständlicher Wunsch aus: Das sittliche Verhalten eines Menschen möge seine Entsprechung in dessen Lebensgang finden. Diese Vorstellung mußte in Israel besonders überzeugend wirken, da Jahwe als gerechter Gott verehrt wurde.
Nun zeigt die Lebenserfahrung aber auch, daß solche Berechnung im Leben nicht immer aufgeht. Oft ergeht es dem Bösen wohl, während der Gute von den Glücksgütern dieser Welt ausgeschlossen bleibt.
Die Frage nach der Gerechtigkeit Jahwes stellte sich besonders drängend angesichts eklatanter Störungen dieses Zusammenhangs von Tun und Ergehen; solche Störungen erlebte Israel sehr intensiv in der ersten Hälfte des zweiten vorchristlichen Jahrhunderts, in einer Zeit politischer Wirren und religiös-kultureller Überfremdung. Der syrische König Antiochus IV. Epiphanes (175–164 v. Chr.) hatte Jerusalem erobert, den jüdischen Kult verboten und versuchte, an dessen Stelle hellenistische Kultur und Religion zu setzen.
Manche paßten sich diesem neuen Zeitgeist an; andere organisierten einen Partisanenkampf gegen die Fremdherrschaft; orthodoxe Gruppen lehnten den militärischen Widerstand ab, weil sie das Eingreifen Gottes für die nächste Zeit erwarteten. In den Kreisen dieser Frommen ist das apokalyptische (Apokalyptik) Buch Daniel entstanden. Wir finden darin ein erstes Zeugnis, wie angesichts der Spaltung der Gläubigen über den irdischen Tun-Ergehens-Zusammenhang hinaus neue Möglichkeiten gedacht werden, die Gerechtigkeit Gottes wirksam werden zu lassen.*

In jener Zeit tritt Michael auf, der große Engelfürst, der für die Söhne deines Volkes eintritt. Dann kommt eine Zeit der Not, wie noch keine da war, seit es Völker gibt, bis zu jener Zeit. Doch dein Volk wird in jener Zeit gerettet, jeder, der im Buch verzeichnet ist. 2Von denen, die im Land des Staubes schlafen, werden viele erwachen, die einen zum ewigen Leben, die andern zur Schmach, zu ewigem Abscheu. 3Die Verständigen werden strahlen, wie der Himmel strahlt; und die Männer, die viele zum rechten Tun geführt haben, werden immer und ewig wie die Sterne leuchten. 4Du, Daniel, halte diese Worte geheim und versiegle das Buch bis zur Zeit des Endes. Viele werden nachforschen, und die Erkenntnis wird groß sein.

16

Gisbert Greshake
Der Tod – Schnittpunkt zweier Bewegungen

Der Glaube spricht in Bildern und deutet in Erzählungen die Geheimnisse des Lebens. Bildhafte Sprache überbietet begriffliches Denken; denn sie fordert Phantasie und Intuition heraus und nötigt zum interpretierenden Weitererzählen. Wo der Mensch – über Einzelerfahrungen hinausgreifend – Gesamtdeutungen des Lebens wagt, kann er kaum anders, als bildhaft und mythisch zu sprechen.
Die Theologie steht vor einem Dilemma: Als Wissenschaft muß sie argumentieren und rational reden; ihre Grundlage aber sind mythische

und bildhafte Texte, die sich nicht in Argumenten und Thesen auflösen lassen. Den Anschauungsgehalt und den Beziehungsreichtum der Bilder kann sie niemals ausschöpfen. Dennoch muß sie erklärend und anregend Wege zum Verständnis dieser Texte bahnen.
Gisbert Greshake sucht einen Zugang zu eröffnen zu dem, was »Auferstehung« und »Weiterleben nach dem Tod« bedeuten können. Er setzt diese bildhaften Begriffe in Beziehung zu Vorstellungselementen heutigen Denkens.

Ein Leben über den Tod hinaus ist nun einmal unserer Erfahrung nicht zugänglich. Es sprengt alle Möglichkeiten der Welt und damit auch unserer Vorstellungskraft. Schon Paulus hat die skeptische Frage: »Wie werden die Toten auferstehen, mit was für einem Leib kommen sie?« (1 Kor 15,35) zurückgewiesen (»Du Tor!«) mit Hinweis auf die absolute Neuheit und damit Analogielosigkeit des Kommenden. Dennoch kann man sich das Gemeinte vielleicht in einem Modell, das L. Boros vorgestellt hat, näherbringen. Das Modell sieht so aus: Unsere evolutive Welt ist charakterisiert durch zwei gegenläufige Prozesse mit zwei gegenläufigen Bewegungen.
1. Durch die Bewegung des Aufstiegs und der Selbstüberbietung. Es ist gerade das Spezifische einer evolutiven Welt, daß aus einem »Weniger« beständig ein »Mehr« wird, aus einer einfachen Wirklichkeit eine kompliziertere.
2. Dann aber ist die evolutive Welt auch ausgezeichnet durch die umgekehrte Bewegung der Entropie, d.h. durch die Bewegung des Abstiegs, des Energieverschleißes, des Verbrauchs, der Verengung. Wieviel Evolutionsstränge sind untergegangen, haben sich verbraucht, bis der Mensch kam, in den hinein sich die ungeheure Entwicklung in gewisser Weise auch verengt hat.
Diese beiden Bewegungen der Evolution lassen sich kurz kennzeichnen als ansteigende Verinnerlichung von Energie und – unlösbar damit verbunden – als absteigender (»entropischer«) Verbrauch an äußerer Energie. Diese beiden Bewegungen finden sich auch im menschlichen Leben. So wie sich die evolutive Welt verengt und verbraucht und dabei zum Menschen aufsteigt, so verbraucht sich der Mensch in seinem Leben und steigt dabei auf zur reifen Person. Reif wird der Mensch, indem er seinen Erkenntnishorizont erweitert, zu Freundschaft, Liebeshingabe und Weltbeherrschung erwacht, kurz: Indem er sich die Welt in ihren verschiedenen Bezügen erobert. Dadurch entsteht ständig ein »Mehr« in ihm: Indem nämlich der Mensch in die Welt hineinwächst, wächst umgekehrt die Welt in den Menschen hinein, die Welt verinnerlicht sich in ihm. Dadurch, daß der Mensch mit der Welt umgeht, erwirbt er sich selbst seine Reife, seine konkrete geprägte Gestalt, seine Persönlichkeit. Der Mensch wird reif an der Welt, an ihrer aktiven Gestaltung und im passiven Leiden an ihr. So verinnerlicht sich Welt im Menschen. Aber diesem Vorgang der aufsteigenden Verinnerlichung von Welt in den Menschen hinein, steht auch hier dialektisch gegenüber die umgekehrte Bewegung: die Bewegung der Entropie, des Verbrauchs an äußerer Energie. Der Mensch wird nicht nur reif, sondern er wird auch alt, er stirbt. Wir haben eben gesagt: Beide Bewegungen, also die Bewegung der ansteigenden Verinnerlichung und des zunehmenden Verbrauchs an äußerer Energie sind strikt miteinander verknüpft. Darum kann von diesen Überlegungen her ein Vorstellungsmodell für die christliche Hoffnung gewonnen (»extrapoliert«) werden: Im Tod erleidet der Mensch den Verlust an äußerer Energie, in diesem Augenblick ist aber zugleich seine Welt, die Welt, an der er reif geworden ist, in ihm total verinnerlicht: Der Mensch hat sich ein Stück Welt ganz zu eigen gemacht. Wenn wir nun hoffen, daß der Tod nicht das Letzte ist, sondern daß Gott neues Leben über den Tod hinaus schenkt, dann dürfen wir folgern: Dieses neue Leben gilt nicht einer bloßen Seele, einer rein geistigen Subjektivität, sondern einer ganzheitlichen, konkreten Person, die so geworden ist, wie sie ist, durch ihr Umgehen mit der Welt, durch ihr leibhaftiges Leben in der Welt. Jede geschichtliche Begegnung und Tat des Menschen hat nicht nur die Außenwelt, sondern ihn selbst innerlich geprägt. In der endgültigen Verfaßtheit des Menschen ist darum Leib und Welt auf immer in uns versammelt; ein Stück Welt ist bleibend in

uns aufgehoben. So wie in den Falten eines alten Gesichtes die ganze Lebensgeschichte eingeschrieben ist, so ist im menschlichen Subjekt »seine« Geschichte und Welt unrücknehmbar eingetragen. Wenn der Glaubende hofft, daß Gott ihn auch im Tod nicht läßt, sondern ihm da, wo alle Zukunft zu Ende zu sein scheint, neue unüberbietbare Zukunft schenkt, so betrifft die erhoffte Zukunft also nicht eine Seele, die nun auswandert aus der Welt, sondern sie betrifft eine Person, in deren konkreter Prägung Welt für immer eingeschrieben, geborgen, aufgehoben ist. Der Mensch bringt in seinen Tod die »Ernte der Zeit« ein.

17 Johannes Chrysostomus
Freude über die Auflösung

Homilie nennt man eine Form der Predigt, in der Bibelverse in moralisch-erbaulicher Absicht interpretiert werden. Vor allem die Kirchenväter pflegten diese Art der Exegese, die uns heute weniger als Bibelkommentar denn als Zeugnis altchristlicher Theologie wichtig ist. Besonders interessant sind solche Quellen, wenn in ihnen typische Uminterpretationen des Glaubens sichtbar werden, die sich bei der Begegnung jüdisch-christlicher Traditionen mit hellenistischer Geistigkeit herausbildeten.
Johannes Chrysostomus (»Goldmund«), ist einer der berühmtesten Prediger, den die griechische Kirche des christlichen Altertums hervorgebracht hat. Zunächst Priester und Eremit in der Gegend von Antiochien in der heutigen Südtürkei, wird er später (398 n. Chr.) Patriarch von Konstantinopel.
Seine Deutung des Korintherbriefs (1 Kor 15,35) zeigt eine Brechung jüdischen Auferstehungsglaubens im Geist griechischer philosophischer Tradition.

Der Bauersmann jammert nicht, wenn er sieht, wie das Samenkorn sich auflöst. Nein, er fürchtet und zittert, wenn es unverändert in der Erde liegen bleibt. Doch er freut sich, wenn es sich auflöst; denn diese Auflösung ist der Beginn der künftigen Saat. So wollen auch wir uns freuen, wenn das zerbrechliche Gebäude [des Leibes] einstürzt, wenn der Mensch ausgesät wird in die Erde. Wundere dich nicht, daß der Apostel das Begraben eine Aussaat nennt; denn dies ist wirklich eine bessere Saat. Auf die Geburt des Menschen folgt Arbeit, Gefahr, Mühsal, Tod; auf diese aber, vorausgesetzt, daß wir fromm leben, folgt Lohn und Siegeskrone. Auf die Geburt folgen Tod und Verwesung, auf diese Aussaat Unverweslichkeit, Unsterblichkeit und unzählige Güter ... Wer da aufersteht, erwacht nicht mehr zu einem mühevollen Leben, sondern zu einem Leben ohne Schmerz, Wehe und Klage. Suchst du aber Schutz und Hilfe und beweinst darum den Sterbenden, so nimm deine Zuflucht zum allgemeinen Beschützer, Verteidiger, Erhalter und Wohltäter: zu Gott, der für uns ein unüberwindlicher Kampfgenosse, ein bereitwilliger Helfer, überall und immer unser Schutz und Schirmherr ist.

18

Dorothee Sölle
Der Tod am Brot allein

Der Renaissance neomarxistischen Denkens und dem Aufbruch der Studenten am Ende der sechziger Jahre entsprach in den Kirchen eine Bewegung, die zur gesellschaftlichen Veränderung aus christlicher Motivation aufforderte.
Diese Form der Gesellschaftskritik fand ihre theoretische Begründung in der sogenannten »Politischen Theologie«. Aus der Reich-Gottes-Predigt Jesu und seinem demonstrativen Umgang mit unterprivilegierten Menschen leiteten Theologen dieser Schule den Auftrag des Christen ab, durch engagiertes Einwirken auf Kirche und Öffentlichkeit die Lebensbedingungen der Menschen zu verbessern. Als lebensfeindlich erkannten sie vor allem Unterdrückung und soziale Ungleichheit, aber auch Einschränkungen, die als typisch für das Leben in der westlichen Industriegesellschaft empfunden wurden.
In Deutschland wurde Dorothee Sölle die bekannteste Wortführerin dieser Theologie. In einem Referat, das sie 1973 auf dem Evangelischen Kirchentag gehalten hat, zeigt sie die Gegenwart des »Todes« im Leben unserer Zeit auf.

Liebe Freunde, der Mensch lebt nicht von Brot allein, er stirbt sogar am Brot allein, einen allgegenwärtigen schrecklichen Tod, den Tod am Brot allein, den Tod der Verstümmelung, den Tod des Erstickens, den Tod aller Beziehungen. Den Tod, bei dem wir noch eine Weile weitervegetieren können, weil die Maschine noch läuft, den furchtbaren Tod der Beziehungslosigkeit: wir atmen noch, konsumieren weiter, wir scheiden aus, wir erledigen, wir produzieren, wir reden noch vor uns hin und leben doch nicht. (...)
Alleinsein und dann allein gelassen werden wollen, keine Freunde haben und dann den Menschen mißtrauen und sie verachten, die andern vergessen und dann vergessen werden, für niemanden dasein und von niemanden gebraucht werden, um niemanden Angst haben und nicht wollen, daß einer sich Sorgen um einen macht, nicht mehr lachen und nicht mehr angelacht werden, nicht mehr weinen und nicht mehr beweint werden: der schreckliche Tod am Brot allein.
Mein Nachbar, ein älterer kinderloser Herr, der seine Frau vor einigen Wochen verloren hatte, rief mich heraus, um mir zu zeigen, daß die Kinder ihre Fahrräder an sein frisch verputztes Haus gelehnt haben. »Sehen Sie den Kratzer«, sagte er, »sehen Sie nur, wo doch das Eigentum das Einzige ist, was wir noch haben.« Der Mensch stirbt am Brot allein. Mein Nachbar hat gearbeitet für das Haus, er bewohnte es, er vermietete es, er renovierte es, er beschützte es, das Eigentum war »doch das Einzige, was wir haben«, und ich sah und hörte, daß er tot war, der furchtbare Tod, kein Verhältnis zu haben und in keiner Beziehung mehr zu stehen.
Das ist der Tod, von dem die Bibel spricht: der Mensch, für den die anderen nicht Reichtum bedeuten, Herausforderung, Glück, sondern Angst, Bedrohung, Konkurrenz, der Mensch, der von Brot allein lebt und daran stirbt, am Brot allein, von dem man nicht leben kann. Das ist der Tod, von dem die Bibel spricht und vor dem sie Angst hat und Angst macht, nicht der Exitus, an den wir meistens denken, sondern der Tod, der ein sinnloses und leeres Leben bedeutet, der Tod im Beziehungslos-Sein, in der Angst, in der Sprachlosigkeit, in der Verlassenheit. (...)
Der Tod, der uns wirklich bedroht, der uns mitten im Leben umfängt, das ist der Tod der Beziehungslosigkeit. Nicht das Abschiednehmen von einer Stufe des Lebens fällt uns schwer; für viele wird es überhaupt unmöglich, den Zustand zu erreichen, in dem Wörter wie Abschied und Schmerz noch Sinn haben. Die Beziehungslosigkeit als das allesbeherrschende Totsein läßt den einzelnen Schmerz, der bitter und süß schmeckt, gar nicht erst aufkommen. Das ist die Hölle, die uns verschlingt, mitten im Leben, mitten im Produktionsprozeß. Der Tod ist der Sünde Sold, d. h. die

Konsequenz des falschen Lebens, der Tod der Beziehungslosigkeit und der Angst voreinander, der Tod an einem Leben, das nur noch Überleben war, der Tod am Brot allein. (...)
Bertolt Brecht schreibt: »Es gibt viele Arten zu töten. Man kann einem ein Messer in den Bauch stechen, einem das Brot entziehen, einen von einer Krankheit nicht heilen, einen in eine schlechte Wohnung stecken, einen durch Arbeit zu Tode schinden, einen zum Selbstmord treiben, einen in den Krieg führen usw. Nur weniges davon ist in unserem Staate verboten.« (Brecht, Ges. Werke 12, 466.) Wir können die Liste dieser verschiedenen Arten zu töten beliebig verlängern: Man kann einem Kind die Kindheit nehmen, wenn man ihm verbietet, sich zu bewegen und Lärm zu machen, man kann es mit 40 anderen einsperren und ihm die Freude zu lernen und die Neugier, etwas wissen zu wollen, für immer zerstören. Es gibt viele Arten zu töten. Man kann Wohnungen so bauen und Städte so planen, daß möglichst wenig Menschen auf möglichst engem Raum miteinander in Berührung kommen. Man kann an das Fließband für ausländische Arbeiterinnen immer eine Griechin neben eine Türkin, neben eine Jugoslawin setzen, damit keine Kommunikation entsteht und der Produktionsablauf nicht gestört wird. Es gibt viele Arten zu töten. Man kann einen Ausländer bürokratisch so lange in Angst versetzen, bis er sich das Leben nimmt. Man kann die Verhältnisse in der Produktion, in der Verwaltung und in der Ausbildung so gestalten, daß Menschen möglichst reibungslos funktionieren und möglichst wenig Verhältnis zueinander entwickeln. (...)
Die Beziehungslosigkeit, die die Bibel Tod nennt, wird im wichtigsten Lebensbereich verordnet und eingeübt, in dem der Arbeit. Das Totsein wird gelernt, zum Totsein wird ausgebildet. Die Zerstückelung des Lebens in überschaubare, beherrschbare, aber zugleich sinnlose Bruchstücke ist eine Gewöhnung an den Tod, die wir von klein auf verpaßt bekommen. Das ist der Tod, von dem die Bibel spricht. Wenn das Interesse, dem alles andere untergeordnet wird, die Erhöhung des Profits ist, so zerfallen alle anderen Lebensinteressen zu Belanglosigkeiten: (...) das Leben ist ein großer Supermarkt, man kann alles haben, aber es gibt keine Begründungen mehr, sich für bestimmte Dinge besonders zu interessieren. Wenn man zu allem im Verhältnis des Kaufens steht, dann gehen alle Beziehungen nur so weit, wie sie zu käuflichen Dingen gehen können. Heute erfahren viele die Welt als einen Supermarkt, konzentriert und geistesabwesend zugleich schieben sie ihren Wagen durch die Gänge, der Tod der Beziehungslosigkeit beherrscht die Szene. 4½ Stunden Fernsehen pro Tag kommen auf einen Bundesbürger: wo soll da eine Einübung in Beziehung, Spontaneität, eigenen Einsatz entstehen? Die Welt ist ein Supermarkt und eine Fabrik, vom Brot allein und fürs Brot allein, daran sterben wir den täglichen schrecklichen Tod.
Es ist dieser Tod, von dem die Bibel spricht, sie nennt ihn: der Sünde Sold oder der letzte Feind. Gegen diesen Tod hat Jesus Widerstand organisiert. Die Geschichten von der Wiedererweckung von Toten wie Lazarus oder dem Töchterlein des Jairus handeln vom Kampf gegen den hingenommenen Tod. Sie rufen uns auf gegen den Tod, sie ermutigen uns zum Glauben, und das bedeutet: zur Parteinahme für das Leben. Die Überwindung der Herrschaft des Todes kündigt sich an, nicht erst in der Auferstehung Jesu, sondern in den Geschichten aus seinem Leben. Wo Gewalt ist und wo Beziehungslosigkeit herrscht, da herrscht der Tod. Je beziehungsloser wir leben, je mehr anerkennen und tolerieren wir den Tod. Was geht uns schon Angola an, obwohl es deutsche Waffen sind, die da den Tod hinbringen, was geht uns die schwarze Säuglingssterblichkeit in der Südafrikanischen Union an, obwohl es unsere Aktien sind, die mit Hilfe der Ausbeutung und dieser Art von Tod steigen! Beziehungslos sein, ohne Schmerzen leben wollen, fürs Brot allein funktionieren und vom Brot allein leben, die Gewalt dulden und aufrechterhalten, die Ordnung lieben, die diesen Zustand weiter garantiert, so richten wir unser Leben ein, es ist eine Liebe zu allem, was erstarrt und geordnet ist, (...)
An Gott glauben bedeutet auf die Seite des Lebens übergehen und aufhören, ein Komplize des Todes zu sein, den Mordwunsch lassen und die ihm so ähnliche Gleichgültigkeit, die Angst davor, zu sterben, und die Angst davor, zu kurz zu

kommen, zwei Ängste, die sich zum Verwechseln ähnlich sehen. Auf die Seite des Lebens übergehen bedeutet, auf die Seite der Kinder überzugehen, die sich in den Reisfeldern ducken, und nicht in Gedanken, Worten und Werken, finanziell und moralisch diejenigen zu unterstützen, die sich im Tiefflug auf diese Kinder stürzen, um sie abzuknallen. Ich bringe dieses Beispiel, obwohl ich weiß, daß in Vietnam jetzt Waffenstillstand ist, aber weil ich weiß, daß das nächste Vietnam in Afrika oder Lateinamerika bestimmt kommt, daß einer der mächtigsten Verbündeten des Todes, der Präsident der Vereinigten Staaten, die Waffen fest in der Hand zu halten sucht. Auf die Seite des Lebens übergehen bedeutet, sich nicht neutral zu halten zwischen den Mördern und den Opfern und aufzuhören, die Welt als einen Supermarkt anzusehen, wo man dieses und jenes und alles kaufen kann, wenn nur die Kasse stimmt und die Ordnung erhalten bleibt.

Jesus hat sich radikal auf die Seite des Lebens gestellt und den Tod bekämpft, wo er ihn antraf: den Tod der Aussätzigen, mit denen niemand sprach und die niemand berührte, den sozialen Tod der Zöllner, die wie die Gastarbeiter bei uns nichts galten, und den physischen Tod derer, die noch nicht gelebt hatten. Dabei ist aber eine Beobachtung zu machen, ohne die man Jesu Verhältnis zum Tode nicht verstehen kann: diejenigen nämlich, die wie Jesus und seine Freunde den gewaltsamen Tod, der von Menschen für Menschen gemacht wird, den sozialen Tod und den physischen Tod bekämpften, haben für sich selber das Sterben nicht als das Schlimmste, was einem passieren kann, angesehen. Sie haben das vom Tod beherrschte Leben mehr gefürchtet als den Tod. Sie fanden es schlimmer, von dem von Menschen für Menschen gemachten Tode in Unterdrückung und Erstickung allen Lebens beherrscht zu sein – als zu sterben. Ihr größter Feind war nicht der natürliche Tod, sondern der gewaltsame, der schleichende Tod, das Ohne-Leben-Sein, wie wir es in den Gesichtern so vieler Menschen in dieser Gesellschaft täglich sehen. Diesem Sterben und dieserart Tod – am Brot allein und fürs Brot allein – gebührt der äußerste Widerstand, der leidenschaftliche Kampf.

Unser Verhältnis zum Tode ist aber gerade umgekehrt als das Jesu und seiner Freunde. (...) Den gewaltsamen Tod, der uns umgibt, den Tod als soziales Ereignis, den Tod durch Kriege, durch Unterernährung, durch Verdummung, den Erstikkungstod am Brot allein, den täglichen schrecklichen Tod des Gar-nicht-Lebens akzeptieren wir mehr oder weniger als ein Schicksal. Den natürlichen Tod dagegen, den Krankheitstod des einzelnen bekämpfen wir mit großem Aufwand als vermeidlich. Hinnahme und mehr oder weniger Einverstandensein leisten wir uns dem allgegenwärtigen langsamen Ersticken gegenüber, Kampf und Protest gilt dem natürlichen und dem privaten Ereignis des Todes. Bis in die Traueranzeigen hinein spiegelt sich dieser Kampf und dieser Aufwand, auch der 80jährige stirbt heute »plötzlich« und »unerwartet« oder »unfaßbar«. Es ist, als habe niemand gewußt, worauf er sich einließ mit dem Leben. (...)

Es gibt Altersheime, in denen das Gespräch über den Tod ein Kündigungsgrund ist, die Erwähnung des Sterbens oder der Sterbenden ist unerwünscht und kann mit dem Verlust des Platzes im Altersheim bestraft werden. Ärzte und Pfleger arbeiten mit daran, den Tod tabu werden zu lassen, sie können den Tod in ihrem Machtbereich nicht dulden, wohl aus Verdrängung des eigenen Todes. Die Angst, über den Tod zu sprechen, mit einem Sterbenden zu sprechen, das Faktum des Sterbens ins Auge zu fassen, wächst an. Wir müssen diese Verdrängung als ein Zeichen des ungelebten Lebens auffassen; je weniger ein Mensch gelebt hat, sich verwirklicht hat, seine emotionalen, kognitiven, sexuellen Möglichkeiten gelebt und erfahren hat, um so schwerer ist es für ihn zu sterben.

Man kann die Todesangst verstehen als das Gefühl eines Individuums, daß das Leben ihm noch etwas schuldig geblieben sei. Der Mensch, der sich wesentlich im Haben, im Leisten und im Konsumieren ausdrückt, muß sich gegen das Sterben wehren, er muß den Tod verdrängen und verleugnen. Die Verdrängung ist eine Form der sprachlos gewordenen Angst. Unter diese Todesangst duckt sich der Mensch, solange er vom Brot allein lebt und nicht frei geworden ist. Das Ich, das nicht zur Identität mit sich selber gekommen ist, muß sich gegen das Sterben wehren; nur physisch gezwungen kommt es zur Annahme, während es doch das christliche Ziel des Sterbenlernens wäre, den Tod annehmen zu können. Hier, beim Sterben der Menschen, die nicht satt am Leben geworden sind, hat der Wunsch nach individuellem Weiterleben sein tiefstes Recht: im Protest gegen den Tod derer, die zu wenig, nicht zu kurz, aber zu wenig intensiv und authentisch gelebt haben. Es gibt nichts gegen den Tod – außer der Liebe, und darum ist der Tod von Menschen, die in diesen Strom der Liebe nicht eingetaucht sind, ohne Hoffnung. Gegen diesen Tod ohne Leben können wir unsere Parteinahme für das Leben nur als Protest und als Klage formulieren, aber das Leben, das den Tod enthält, läßt sich annehmen.

Daß wir nicht mehr hassen müssen und nicht mehr Angst zu haben brauchen, daß wir in das große Ja, das der Glaube bedeutet, einstimmen können, das schließt unser Sterbenlernen ein. Indem wir angstfreier leben, werden wir angstfreier sterben lernen. Je mehr wir ein Teil der Liebe werden, mit der wir uns eins wissen, desto unsterblicher sind wir. Christlich gesprochen liegt der Tod immer hinter uns, vor uns aber die Liebe. »Wir wissen, daß wir aus dem Tod ins Leben hinübergegangen sind, weil wir die Brüder lieben. Wer nicht liebt, bleibt im Tode« (1. Joh 3,14). Christsein heißt: wir *sind* hinübergegangen, wir haben den Tod transzendiert. Unser Weg kann nicht biologisch beschrieben werden: erst geboren werden und dann sterben, sondern umgekehrt: aus dem Tode ins Leben übergehen. Der einzelne braucht dann auch jene Krücken des Glaubens nicht mehr, die sich als Hoffnung auf ein Wiedersehen oder auf individuelle Fortdauer formulieren. Nichts kann uns scheiden von der Liebe Gottes, auch nicht das Wissen von der Vergänglichkeit unserer individuellen personalen Existenz. (...)

Wir werden sein, wie Jesus war, der für das Leben der anderen eintrat und den eigenen Tod doch annehmen konnte. Wir lernen, wie Jesus zu sein und den Tod hinter uns zu haben. Unsere Kräfte sind dann nicht in den Widersprüchen der Angst, die wir nicht zeigen können und dürfen, gefesselt, sondern freigeworden. Unsere Frage lautet dann nicht mehr: Ist mit dem Tode alles aus? So können nur die fragen, deren Ich in den Grenzen des Individuums gefangen ist, die sich abkapseln von der großen berührenden und verwandelnden Wirklichkeit. »Ist mit dem Tode alles aus?« ist eine gottlose Frage. Was ist denn dieses »alles« für dich? Du kannst deinen eigenen Tod nicht mit der Formel »Dann ist alles aus« beschreiben, eben weil es zur Definition eines Christen gehört, daß er für sich selber nicht alles ist. Nein, es ist nicht alles aus, sondern es geht alles weiter. Was ich wollte, was ich mit andern versucht habe, was ich angefangen habe, und woran ich gescheitert bin, es geht weiter. Ich esse nicht mehr, aber es wird Brot gebacken und gegessen, ich trinke nicht mehr, aber der Wein der Brüderlichkeit wird weitergetrunken.

Otto Dix
Handzeichnung, 1953

Das große Ziel der Menschheit – die klassenlose Gesellschaft als Zustand der Vollendung – beflügelt marxistisches Denken. Den Blick so auf überindividuelle Ziele gerichtet, hat die marxistische Philosophie lange Zeit das Nachdenken über den individuellen Tod ausgespart oder sie begnügte sich mit dem Gedanken, daß die Leistung des Einzelnen im Fortschritt der Gesellschaft weiterlebt. Tatsächlich wird aber der Tod als etwas so Persönliches erfahren, daß ausschließlich gesellschaftliche Deutungsmuster nicht hinreichen, ihn in das persönliche Leben zu integrieren. – In neuerer Zeit hat der »Tod« in der marxistischen Philosophie stärkere Berücksichtigung gefunden. Zwei Beispiele (Text 19 und 20) sollen heutiges marxistisches Denken über den Tod belegen.

19 Ernst Bloch
Der rote Held

Alle nehmen frühere Blumen ins Grab, darunter vertrocknete oder unkenntlich gewordene. Nur eine Art Menschen kommt auf dem Weg zum Tod fast ohne überkommenen Trost aus: der rote Held. Indem er bis zu seiner Ermordung die Sache bekennt, für die er gelebt hat, geht er klar, kalt, bewußt in das Nichts, an das er als Freigeist zu glauben gelehrt worden ist. Sein Opfertod ist deshalb auch von dem der früheren Blutzeugen verschieden; denn diese starben, fast ausnahmslos, mit einem Gebet auf den Lippen und glaubten sich den Himmel erworben zu haben. Der geistliche Rausch ließ nicht nur die Todesangst weit hinter sich, er verlieh sogar in mehreren Fällen (Gesang der Täufer auf dem Scheiterhaufen) Unempfindlichkeit gegen den Schmerz. Der kommunistische Held dagegen, unter dem Zaren, unter Hitler und noch darüber hinaus, opfert sich ohne Hoffnung auf Auferstehung. Sein Karfreitag ist durch keinen Ostersonntag gemildert, gar aufgehoben, an dem er persönlich wieder zum Leben erweckt wird. Der Himmel, dem die Märtyrer, in Flamme und Rauch, ihre Arme entgegenstreckten, ist keinem roten Materialisten da; dennoch stirbt dieser, als Bekenner, überlegen wie nur je ein Urchrist oder Täufer. Auf diesen Helden trifft Büchners völlig diesseitiges Wort vom Menschen zu: »Wir sind wie die Herbstzeitlose, welche erst nach dem Winter Samen trägt.«

20 Vitězslav Gardavský
Mein Tod und die Hoffnung

Der individuelle Tod ist *mein* Tod, das läßt sich nicht wegdiskutieren. Er ist meine Gewißheit für die Zukunft. (...) Seine Last, seine Tragik, all das um dessentwillen das menschliche Leben ein Schmerz über die Endlichkeit genannt wurde, kommt aber nicht nur aus dem reinen Individuellen, sondern daher, daß wir in überindividuelle Bezüge verflochten sind. Ein Tier, auch ein Säugling, der noch nicht sprechen kann, empfindet beim Sterben noch nicht diesen Schmerz. Er ist nur dem in die Gemeinschaft verflochtenen Menschen vorbehalten. Drum geraten wir auch mit unseren Erwägungen über den Tod nirgends hin (außer in die Mystik), wenn wir nicht zugleich über die Beziehungen des Einzelnen zur Gesellschaft nachdenken.
Ich sterbe – das heißt: ich werde mein Werk nicht zu Ende führen, ich werde die, die ich geliebt habe, nicht mehr sehen, ich werde Schönheit und Trauer nicht mehr

empfinden. In meinen Sinnen wird nicht mehr die unwiederholbare Musik dieser Welt wiederklingen...

Der Tod ist so schrecklich wegen *dieses* Verlustes an Beziehungen: Unser Inneres hört auf, der Schnittpunkt zu sein, an dem Begegnungen stattfinden. Um so unvermeidbarer wird es, diese Gewißheit unserer individuellen Zukunft im Leben bewußt gegenwärtig zu haben; dementsprechend so zu leben, daß ich in jede Beziehung, die durch mich hindurchgeht, ein Maximum meines Lebens hineinlege: als sollte ich morgen sterben.

Wer an Gott glaubt und an eine unsterbliche Seele, der hat auch in seinem letzten Stündlein eine Hoffnung; er schiebt seinen Tod noch um ein Weilchen hinaus. Ich habe diese Hoffnung nicht. Deshalb erscheinen mir alle meine Beziehungen in durchsichtiger Klarheit, nicht vernebelt durch mystische und trügerische Erwartungen von etwas, was nach dem letzten Versinken folgen wird. Jede meiner Beziehungen trägt das Zeichen des Todes. Jede hat für mich einen unwiederholbaren Wert, keine läßt sich gegen eine andere auswechseln. Jede Begegnung mit einem Menschen ist für mich, der ich selbst ein endliches Einzelwesen bin, ein Geschenk, denn sie kann meine letzte Begegnung mit ihm sein. Und auch ich bin für einen jeden ein Geschenk, sofern ich etwas zu schenken habe...

der frühere Blutzeuge

Gebet

im den Himmel erworben

geistlicher Rausch

Bekenner (Märtyrer)

Selbst ohne Hoffnung auf die Ewigkeit, dem Tod unterworfen, werde ich zur Hoffnung für andere, die mich überleben: Wenn unter mein Leben der Schlußstrich gezogen wird, dann ist die Summe, die verbleibt, die unerläßliche Vorbedingung ihres Lebens. Gewiß auch ihr Leben wird in der gleichen Hoffnungslosigkeit enden. Aber nur um diesen höchsten Preis, um den Preis der persönlichen Niederlage, wird die Hoffnung wachgehalten als eine Unabdingbarkeit des menschlichen Daseins überhaupt, als Hoffnung der menschlichen Gesellschaft auf die Zukunft.

Wir stehen alle bereits im Augenblick der Geburt vor einer Niederlage; dessen ungeachtet dauert die Hoffnung in der Menschheit fort; das ist eine Paradoxie, aber sie ist der Beweis für das gesellschaftliche Wesen des Menschen. Alles in uns drängt uns dazu, den Tod nicht anzuerkennen, alles, womit wir als einzelnes Subjekt noch nicht gesellschaftlich integriert sind. Hier liegt offensichtlich der Quellengrund der theistischen Konzeptionen.

Aber erst dann, wenn wir dieses Menschenlos auf uns nehmen, werden wir zu Menschen im eigentlichen Sinn: zu solchen, die die Hoffnung der Menschheit, ja die Menschheit überhaupt mit allen ihren Plänen, Entwürfen und Kämpfen, letzten Endes auch mit ihren Illusionen und Fiktionen, über Wasser zu halten vermögen.

Deshalb gilt folgendes: Wenn wir den Tod als die dem Einzelwesen gewisse Zukunft auf uns nehmen, dann erhält jede Wahl und jede Entscheidung, die wir treffen, eine neue radikale Zielbestimmung, nämlich über uns selbst hinauszuschreiten zu den andern, zur Gemeinschaft.

Es ist nicht das Schlimmste, daß uns der Tod der leblosen Gegenstände beraubt, die wir uns angeeignet haben, und daß er sie anderen in die Hand legt. Zum mindesten sollten wir während unseres ganzen Lebens wissen, daß das nicht das Schlimmste ist. Schwer zu ertragen ist, daß er uns auch um das bringt, wozu wir geworden sind, daß er uns unserer eigenen individuellen Selbstverwirklichung beraubt. Deshalb *können* wir begreifen, wenn einer nach dem Tode ein »Ich« sein will. Aber wir können uns diesen Standpunkt nicht zu eigen machen, wenn wir nicht endgültig dem Ehrentitel »Mensch« entsagen und uns damit auch der Möglichkeit berauben wollen, eine jede Grenze zu überschreiten, solange wir am Leben sind. Doch je größer der objektive menschliche Wert dessen ist, wessen uns der Tod beraubt (denn er beraubt uns auch der Illusionen über unseren Wert), um so größer ist schließlich auch unsere persönliche Niederlage und um so größer die Bedeutung dessen, was den überlebenden, überindividuellen Strukturen einverleibt bleibt. Um diesen Betrag vergrößert sich die Summe der Hoffnungen der Menschheit.

Es wäre aber falsch, diese Wechselbeziehung als einen Trost zu verstehen, der das Individuum mit dem Unausweichlichen versöhnen soll.

Es gibt nämlich noch etwas viel Schlimmeres als diese Niederlage.

Unsterblichkeit – Ewiges Leben

21 Platon
Über die Unsterblichkeit

Was ist der Mensch? Diese Frage ist nicht leicht und keineswegs eindeutig zu beantworten. Ja, es scheint, daß sie sich einer endgültigen Antwort entzieht. Ständig jedoch wird versucht, Modelle zu entwickeln, die Teilantworten auf die Frage nach dem Wesen des Menschen geben.
Ein derartiges Erklärungsmodell verwendet die platonische Philosophie: Der Mensch wird hier verstanden als die Einheit aus einem stofflichen Leib und einer geistigen Seele. Dieses Bild scheint bestätigt durch eine Reihe von Erfahrungen: Offensichtlich unterliegt der Mensch biologischen Prozessen wie andere Lebewesen auch. Aber der menschliche Geist überschreitet diese biologische Grundlage immer wieder: Er kann logische Schlüsse ziehen, sich einen Staat entwerfen, in dem es gerecht und menschlich zugeht. Der Mensch strebt nach Glück und versucht, sein Schicksal zu verstehen und anzunehmen. – Äußert sich darin nicht eine »geistige Seele«?
Das Besondere der geistigen Seele sieht Platon darin, daß sie über Bewußtseinsinhalte verfügt, die sie nicht »erlernen« konnte. Die Gesetze der Logik etwa sind aus sich der Seele einsichtig; die Vorstellung von der Gerechtigkeit kann ein Mensch auch dann besitzen, wenn er unter ungerechten Verhältnissen lebt.
Diese Prägung der Seele erklärt die platonische Philosophie durch eine anschauliche Vorstellung: Ehe die Seele mit dem Körper verbunden wurde, existierte sie bereits im Reich der »Ideen«, d. h. der geistig reinen Formen, deren Abbild die »Wirklichkeit« ist. Damals konnte die Seele unmittelbar die Gesetze der Logik, die Wesenheit der Erscheinungen und die Erfüllung des Lebens anschauen. Im Körper des Menschen aber lebt die Seele wie eine Gefangene. Plump und erdenschwer hemmt der Körper ihre Reinheit und Vollkommenheit. Denn der Leib ist auf das Banale, Unwesentliche gerichtet: auf Essen und Trinken, Schlafen und Verdauen. Die Seele allein hat teil an allem Vollkommenen und Göttlichen. Sie strebt nach dem Wahren, Schönen und Guten.
In der literarischen Form des Dialogs entwickelt Platon mehrfach derartige Vorstellungen. Im Dialog ›Phaidon‹ (siehe Text 12) bedenkt er auch das Schicksal der Seele nach dem Tod des Körpers.

(Sokrates:) Und jetzt nimm alles zusammen, was wir gesagt haben, Kebes, ergibt sich da nicht aus allem, daß die Seele das Ebenbild und der Sinn sei alles Göttlichen und Vernünftigen, jeder bleibenden Gestalt, des Unauflöslichen und in sich selbst Ruhenden, und daß der Leib zum Menschlichen und Sterblichen und Vielgestaltigen und Unvernünftigen und Auflösbaren und sich selber stets Fremden gehöre? Oder haben wir, geliebter Kebes, einen Einwand, der dagegen spräche? – Nein, wir haben keinen. – Und wenn das richtig ist, muß sich dann der Leib nicht schnell auflösen, und ist es nicht der Seele eigen, unauflösbar zu sein, wenigstens zum Teile? – Natürlich. – ... Die Seele aber, die unsichtbare, die in ein unsichtbares, hohes und reines Reich eilt, in die wahre Welt der Geister, zu dem guten und weisen Gotte, dorthin, wohin auch, so Gott will, meine Seele bald ziehen wird, diese hohe und reine, der Geisterwelt eingeborene Seele sollte, vom Leibe entbunden, zerfallen und vergehen, wie es die Menge glaubt? Nein, nein, Kebes und Simmias, ihr Freunde:

Ich sage, so die Seele, die reine Seele sich des Leibes entledigt und nichts vom Leibe mit sich schleppt, weil sie im Leben schon freiwillig nichts mit ihm gemein hatte und vor ihm geflohen und in sich selber gesammelt und nur um diese Sammlung besorgt war... Dann, sage ich, scheidet die Seele von hinnen in das ihr angestammte, unsichtbare, göttliche, ewige Reich der Vernunft, dort darf sie sich ihres Heiles freuen, erlöst vom Irrtum, von der Sinnlosigkeit, der Angst, der wilden Liebe und allen Übeln, und dort lebt sie wahrhaftig, wie es unter den Eingeweihten heißt, mit den Göttern.

22 Grusinisches Märchen
Die Erde will das Ihre haben...

Kann der Mensch im Ernst wünschen, daß er unsterblich ist? – Der Kulturphilosoph Arnold Toynbee meinte dazu, er wolle nicht über Jahrmillionen jährlich eine Steuererklärung schreiben. Ist ein Leben, das sich ins Unendliche verlängert, überhaupt erstrebenswert? Was wäre von einem Leben zu halten, das vor einer unendlichen Zeit steht? In dem es nicht den verlorenen Augenblick und nie das »Zuspät!« gibt? Gehören vielleicht Zeit und Vergänglichkeit notwendig zum Menschen?

Es war einmal eine Witwe, die hatte einen Sohn. Der Junge wuchs auf und sah, daß alle, nur er nicht, einen Vater hatten. »Mutter«, fragte er eines Tages, »warum haben alle anderen Jungen einen Vater und ich nicht?«
»Weil dein Vater gestorben ist«, antwortete die Mutter.
»Also kommt er nie mehr?«
»Nein, Kind, dein Vater kommt nicht mehr, aber wir gehen zu ihm. Niemand kann dem Tod ausweichen, auch wir müssen sterben und in die Erde zurück.«
»Ich habe Gott nicht um mein Leben gebeten«, antwortete der Junge, »und wenn er es mir einmal gegeben hat, warum nimmt er es mir dann wieder? Ich will einen Ort aufsuchen, wo es keinen Tod gibt.«
Seine Mutter wollte ihn freilich daran hindern, daß er in der weiten Welt umherlief, um einen solchen Ort zu suchen. Aber umsonst – der Junge machte sich auf die Wanderschaft. Die ganze Welt durchwanderte er; aber wo er auch hinkam und fragte: »Gibt es auch hier einen Tod?«, überall wurde ihm dieselbe Antwort zuteil: »Ja, ja.« Schon war er zwanzig Jahre alt geworden, aber den Ort der Unsterblichkeit hatte er immer noch nicht gefunden.
Eines Tages ging er über ein Feld und sah plötzlich einen Hirsch vor sich, dessen vielverzweigtes Geweih sich in den Wolken verlor. Dem Jüngling gefiel das Geweih des Hirsches sehr; er näherte sich ihm und sagte:
»Ich beschwöre dich beim Schöpfer der Welt, sage mir, gibt es einen Ort, wo der Tod nicht hinkommt?«
»Ich bin der Bote Gottes und führe seinen Willen aus«, antwortete der Hirsch, »ich werde so lange leben, bis mein Geweih an den Himmel reicht, dann aber muß ich sterben. Wenn du willst, kannst du bei mir bleiben, bis zu meinem Tode; es soll dir an nichts fehlen.«
»Nein«, sagte der Jüngling, »entweder ewig leben oder gar nicht; sonst hätte ich ja auch zu Hause bleiben können und brauchte nicht in der Welt umherzuwandern!«
Mit diesen Worten ließ er den Hirsch stehen und ging weiter. Durch Steppen und Felder, durch Wiesen und Wälder kam er und erreichte endlich einen Abgrund; wie eine Hölle, so bodenlos gähnte er ihm entgegen. An den Rändern des Abgrundes starrten Felsen in die Höhe und auf einem saß unbeweglich ein Rabe. Der Jüngling redete ihn an und fragte: »Rabe, kennst du ein Land, wo es keinen Tod gibt?«
»Ich bin ein Bote Gottes« antwortete der Rabe, »und werde leben, bis ich diesen

Abgrund mit meinem Mist gefüllt habe; wenn du willst, kannst du bei mir bleiben, es soll dir an nichts fehlen!«

Aber der Jüngling wollte nichts davon wissen und setzte seine Wanderung fort. Bis zum Meere kam er, ohne daß er jemand getroffen hätte. Aber da sah er in der Ferne etwas glänzen, und als er näher kam, war es ein gläsernes Haus. Es hatte keine Türen, aber als er genauer hinsah, fand er einen Strich auf dem Glase; er drückte darauf, und das Haus tat sich auf. Drinnen lag ein Mädchen, so schön, daß sogar die Sonne es um seine Schönheit beneidete und blasser schien, wenn das Mädchen den Fuß vor die Schwelle setzte. Dem Jüngling gefiel die Schöne, er trat zu ihr und stellte ihr dieselbe Frage wie dem Hirsch und dem Raben.

»Ein solches Land gibt es nicht«, sagte sie, »aber wozu suchst du? Bleib doch bei mir!« »Nicht um dich zu finden, bin ich auszgezogen«, entgegnete der Jüngling, »sondern das Land, wo man nicht stirbt.«

»Vergebens ist dein Streben, die Erde will das ihre haben, Unsterblichkeit wirst du nie erreichen; sag mir, wie alt ich bin, wenn du kannst.«

Der Jüngling schaute sie an; ihre junge Brust, die Farbe ihrer Wangen entzückte ihn so sehr, daß er Leben und Tod vergaß.

»Mehr als fünfzehn Jahre kannst du nicht alt sein«, antwortete er ihr. »Du irrst dich«, entgegnete sie, »ich bin am ersten Schöpfungstage erschaffen worden und bin heute noch so, wie ich damals war. Man nennt mich die Schönheit; ich werde ewig so bleiben, wie ich jetzt bin. Du hättest ewig bei mir bleiben können, aber du bist die Unsterblichkeit nicht wert; das ewige Leben wird dir zum Ekel werden.«

Der Jüngling gelobte ihr, nie etwas gegen ihren Willen zu tun und ewig bei ihr zu bleiben.

Die Jahre verflogen eins nach dem anderen; wie Sekunden so rasch waren sie vorbei. Die Erde veränderte sich, der Jüngling aber wußte von alledem nichts und das Mädchen blieb, wie es war. So verging ein Jahrtausend. Da zog es den Jüngling in die Heimat; seine Mutter wollte er sehen, seine Freunde und Bekannten. »Ich muß jetzt gehen«, sagte er, »und meine Mutter und meine Freunde einmal besuchen.«

»Nicht einmal ihre Knochen wirst du finden, wozu willst du da gehen?«

»Wie kannst du das sagen«, unterbrach er sie, »ich bin doch erst vor kurzem zu dir gekommen; wie sollten sie schon tot sein?«

»Ich habe dir's gesagt, daß du nicht wert bist, ewig zu leben«, entgegnete das Mädchen, »geh nur zu, aber nimm diese drei Äpfel mit, und wenn du zu Hause bist, iß sie!« Der Jüngling verließ die Schöne und kam in seine Heimat zurück. Auf dem Wege kam er zu dem Raben. Er saß noch da, aber er war tot, und der Abgrund voll von seinem Mist. Das Herz schnürte sich dem Jüngling zusammen, als er das sah; er wollte zurück zu seiner Schönen, aber es trieb ihn vorwärts. Über Felsen und durch Wälder und Felder kam er zum Hirsch; der stand noch da, aber er war tot, und auf sein Geweih stützte sich der Himmel. Jetzt erst glaubte der Jüngling, daß viele Jahre vergangen seien, seit er hier zum erstenmal vorbeigekommen war. Immer weiter trieb es ihn der Heimat zu. Er kam in sein Dorf, fand aber nicht einen Bekannten vor. Er fragte nach seiner Mutter; niemand wußte von ihr, nur ein paar alte Leute sagten ihm, es habe wirklich nach einer alten Überlieferung einmal eine Frau dieses Namens gelebt; aber das sei jetzt tausend Jahre her, und ihr Sohn könne unmöglich noch leben.

Niemand wollte ihm glauben, daß er wirklich der Sohn dieser Frau sei; alle dachten, er sei von Gott gesandt. Die Menschen sammelten sich um ihn und begleiteten ihn. Schließlich kam er an den Ort, wo ehemals ihr Haus gestanden hatte; da waren noch verfallene, mit Moos und Nesseln bewachsene Mauern. Und nun erinnerte er sich genau wieder an das Vergangene, an seine Mutter, an seine Kindheit, und es ward ihm bitter zumute. Da fielen ihm die Äpfel, ein: er aß den ersten, und ein weißer Bart fiel ihm plötzlich bis auf die Brust herab; er aß den zweiten, und die Knie gaben ihm nach, die Kräfte schwanden ihm, und er wurde schwach und hinfällig. Er schämte sich seiner selbst und bat einen Jungen, er möge ihm den dritten Apfel aus der Tasche holen und ihn ihm geben. Und als er ihn gegessen hatte, gab er seinen Geist auf. Die Leute aus dem Dorfe aber trugen ihn hinaus und begruben ihn.

Das zeitgenössische Denken ist zurückhaltend gegenüber Aussagen, die die Erfahrung überschreiten. Dennoch ist die Frage nach dem »Jenseits« des Todes nicht abzuweisen. Was bleibt vom Menschen, wenn er gestorben ist? Geht sein Leben in irgendeiner Form weiter? Wenn ja: Wie kann man sich dieses Weitergehen vorstellen? Oder umgekehrt: Ist mit dem Tod alles zu Ende? Gibt es kein »Darüberhinaus«?
Unser Vorstellungsvermögen scheint mit solchen Fragen überfordert. Nach heutiger Meinung etwa ist die Zeit eine Erscheinungsform der physikalischen Welt. Zeitvorstellungen versagen also, wenn ein »Leben nach dem Tod« veranschaulicht werden soll. Muß man deshalb über die Unsterblichkeit schweigen? Sind wir stumm geworden, weil die Bilder, in denen sich die Tradition das Leben nach dem Tod vorgestellt hat, nicht mehr tragfähig sind? – Vielleicht hilft es weiter, wenn man die Frage nach der Unsterblichkeit umwendet; wenn man fragt, ob unser Leben von der Unsterblichkeit bestimmt ist. Wenn der Mensch über das Jenseits des Todes nachdenkt, fragt er ja zugleich nach dem, was dem Leben Bestand gibt: Geht das Leben auf in der Spanne Zeit zwischen der Geburt und dem Tod? Erschöpft sich die Bedeutung eines Menschen in jener Frist, die doch weithin banal und mühsam verläuft? Wenn so nach der Unsterblichkeit gefragt wird, kann vom gegenwärtig erfahrbaren Leben ausgegangen werden. Ist dieses Leben schon geprägt von einem »Darüberhinaus«? Ist der Mensch umgriffen von einer Wirklichkeit, die in sein Leben hineinragt und die den Vollzug des Lebens mitbestimmt?

23 Jürgen Mittelstrass
Unsterblichkeit

Die »Hypothese von der Unsterblichkeit der Seele« ist, wenn man die Geschichte der Philosophie (und der Religionen) betrachtet, ein recht schillerndes Gebilde, mit oft unklaren Fragestellungen und vielfach bedenkenlos gehandhabter Terminologie. Es besteht dabei nicht einmal ein hinlänglicher Consensus darüber, was eine Wendung wie »Leben nach dem Tode« bedeuten soll, geschweige denn, was man im einzelnen unter »Seele« zu verstehen habe. Da man im übrigen nicht weiß, was nach seinem eigenen Tode geschehen wird, und andere Tote (»die es wissen müßten«) nicht befragen kann, weil diese nicht mehr reden, erübrigt sich eine solche Frage im Grunde auch von selbst. Dem hier Befragten genügt die Erwartung, daß uns unsere Nachkommen, unsere Kinder und diejenigen, die sich für unsere Arbeit interessieren sollten, schon hinreichend viel »Unsterblichkeit« verschaffen werden.

24 Werner Schneider
Über die Grenzen der Zeit hinaus

Das Ich, welches »Ich bin...«, »Ich habe...«, »Ich sehe...«, Ich tue...« sagen kann, ist kein Gegenstand in der raum-zeitlich erforschbaren Welt, sondern diejenige Instanz, die immer schon sich selbst mitdenkt und häufig mitaussagt, wenn diese Welt erkannt, wenn über sie gesprochen oder in ihr gehandelt wird. Das Ich ist das X, für das seine Wirklichkeit da ist. Es bleibt stets der selber qualitätslose Bezugspunkt seiner Erlebnisse und Objektivationen. Von ihm kann nur dies ausgesagt werden, daß sein jeweils individuelles Auftreten zeitlich begrenzt ist: Es erscheint sprachlich einige Zeit nach der Geburt je eines Einzelmenschen und endet mit dessen Tod. (...) Es bleiben das Bewußtsein des Sterbenmüssens und die Angst als ein Indiz dafür, daß das Ich irgendwie über die Grenze seines Erscheinens in der Zeit hinaus ist. Aber auch dieses Bewußtsein existiert nur in der Zeit, während der Spanne leiblichen Lebens. So haben wir eine Verschränkung oder wechselseitige Implikation von Zeitlichkeit und Darüberhinaussein vor uns. Mehr kann schwerlich gesagt werden. Behauptung oder Leugnung seelischer Unsterblichkeit wären diesem Tatbestand gegenüber allzu grobe Aussagen.

25 Gerhard Szczesny
Wir wissen nicht, daß wir sterben müssen

Gibt es ein Leben nach dem Tod? Die erste Antwort auf diese Frage wird lauten: Es gibt kein Leben nach dem Tode.
Alle Fakten und Erfahrungen und alle Schlüsse, die sich aus diesen Erfahrungen ziehen lassen, sprechen gegen die Annahme, daß die Elemente, aus denen meine Person besteht, sich irgendwann wieder, und dann für alle Ewigkeit, zusammenfinden könnten.
Anders wird meine Antwort ausfallen, wenn die Frage sich nicht auf meine individuelle Existenz, sondern nur auf diese Elemente bezieht. Denn nun kann ich mich auf die – »wissenschaftlich« abgesicherte – These berufen, daß »nichts verlorengeht«.
Aber hier wird zwangsläufig aus dem physikalischen ein metaphysisches Problem. Zu den unmittelbar als Realität erfahrenen und nachweisbaren Bestandteilen meiner Person gehören ja keineswegs nur materielle und chemische Substanzen, sondern auch seelisch-geistige Vorgänge. Trifft auf sie das »nichts kann verlorengehen« auch zu?
Es ist ebenso schwer einzusehen, warum die seelisch-geistigen Äußerungen meiner Existenz verlorengehen sollten, wie sich vorzustellen, auf welche Weise und in welcher Form sie nach der Auflösung der sie tragenden Materie fortbestehen könnten.
Und es gibt noch ein letztes und drittes Phänomen, das empirische und metaphysische Aspekte zugleich hat: mein personales Selbst, gewissermaßen die Strukturformel meiner Individualität – die mehr ist als die bloße Summe meiner Anlagen. Wie steht es damit? Wird diese physisch-psychisch-spirituelle Prägung irgendwo, wie eine Radiobotschaft, aufbewahrt – eine Botschaft, in der sich nach und nach die Daten eines ganzen Lebens zu einer unverwechselbaren Formel summieren?
Was also glaube ich, wenn ich den Versuch mache, mich von dem gewaltsamen Glaubenwollen aus Angst vor einem unwiderruflichen Ende ebenso freizuhalten wie von einem Unglauben, der sein heroisches Nein der Furcht vor dem Hohn der Vernunft verdankt?
Lebe ich tatsächlich so, wie wenn ich überzeugt wäre, daß mit dem Tod alles zu Ende ist? Ich gestehe, daß dem nicht so ist. Ich fühle mich in der Welt – über den Tod hinaus – geborgen, was immer diese verschwommen und sentimental klingende Formel bedeuten könnte. Da das, was mich ausmacht, schon eine Ewigkeit vorhanden gewesen sein muß, bevor ich »geboren« wurde, warum sollte ich mich – nach einer wahrhaft kurzen Unterbrechung – vor der Ewigkeit fürchten, die danach kommt?
Der Rest ist Schweigen, nur noch in Gleichnissen und Bildern umschreibbar.

26 Marcel Proust
Eine vollkommen andere Welt

In seinem großen Romanwerk »Auf der Suche nach der verlorenen Zeit« läßt Marcel Proust den Erzähler über den Tod eines Dichters namens Bergotte nachdenken. In dieser Reflexion über Krankheit, Verliebtsein und Lebenssinn fließt auch die folgende Überlegung über das Leben nach dem Tod ein.

Er war tot. Tot für immer? Wer kann es sagen. Gewiß erbringen spiritistische Experimente nicht deutlicher als religiöse Dogmen den Beweis für das Fortleben der Seele. Man kann nur sagen, daß alles in unserem Leben sich so vollzieht, als träten wir bereits mit der Last in einem früheren Dasein übernommener Verpflichtungen in das derzeitige ein; es besteht kein Grund in den Bedingungen unseres Erdendaseins selbst, weshalb wir uns für verpflichtet halten, das Gute zu tun, zartfühlend, ja, auch nur höflich zu sein; auch nicht für den Künstler, der nicht an Gott glaubt, weshalb er sich gedrungen fühlen soll, zwanzigmal ein Werk von neuem zu beginnen, dessen Bewunderung seinem von Würmern zerfressenen Leib wenig ausmachen wird, (...). Alle diese Verpflichtungen, die im gegenwärtigen Dasein nicht hinlänglich begründet sind, scheinen einer anderen, auf Güte, auf Gewissenhaftigkeit, auf Opferbereitschaft basierenden Welt anzugehören, einer Welt, die vollkommen anders als unsere hiesige ist, aus der wir aber gekommen sind, um auf dieser Erde geboren zu werden, bevor wir vielleicht in jene zurückkehren, um wieder unter der Herrschaft jener unbekannten Gesetze weiterzuleben, denen wir gehorchen, weil wir ihr Gebot in uns trugen, ohne zu wissen, wer es dort eingeschrieben hat – Gesetze, denen alle vertiefte Arbeit des Geistes uns näherbringt und die unsichtbar – vielleicht nicht einmal das! – einzig den Narren bleiben. Der Gedanke, Bergotte sei nicht für alle Zeiten tot, ist demnach nicht völlig unglaubhaft.

27 Joseph Ratzinger
Der Glaube an Unsterblichkeit

Worin besteht – christlich betrachtet – die »Unsterblichkeit«? Die Frage ist schwer zu beantworten, seitdem bewußt ist, daß Unsterblichkeit nicht als Verlängerung der Zeit nach dem Tod gedacht werden kann. Auch ein »Weiterleben der Seele« scheint dem zeitgenössischen Bewußtsein unvorstellbar. Was bedeutet heute aus christlicher Sicht »Unsterblichkeit«?

Niemand kann sich wünschen, daß es endlos so weitergeht; die Endlosigkeit unseres Alltagslebens ist kein erstrebenswertes Ziel, und deshalb kann eine medizinisch hergestellte Unsterblichkeit für den Menschen und die Menschheit im Grunde nur ein Alptraum sein: Der Mensch ist seelisch nicht zugerüstet für die Unsterblichkeit des Leibes, und die Menschheit müßte an den inneren Spannungen zerbrechen, die ihr aus dem Nebeneinander von Generationen erwüchsen, die sich immer schneller voneinander entfernen, abgesehen von den wirtschaftlichen Problemen, die sich auf einer solchen Erde der Alten ergäben.
So steht der Mensch vor der Spannung, daß er Unendlichkeit will, aber Endlosigkeit fürchten muß; daß er Zukunft einerseits braucht und andererseits sie nicht ertragen

kann. Er müßte also zugleich sterben und weiterleben – vor dieses Dilemma stellt ihn die Komplexität seines Wesens. Sein Eigentliches müßte bleiben – die köstliche Gabe des Lebens, der Liebe, der Freude; sein Uneigentliches müßte aufhören – das endlose Nacheinander der sorgeerfüllten Tage, in denen er nur selten und wie von ferne das berührt, was ihm in Wahrheit als »Leben« erscheint. Aber wie soll es dahin kommen?

Wenn uns die eigene Richtung des menschlichen Zukunftsverlangens dazu zwingt, zwischen dem vordergründig Faßbaren des menschlichen Alltags und dem nur immer wieder verborgen zu berührenden eigentlichen Leben zu unterscheiden, dann muß mit innerer Notwendigkeit die Frage nach dem Kommenden über das Greifbare hinaus auf die Spur des Geheimnisses führen. Auf der anderen Seite bedarf der Mensch der Gewißheit, wo es um Sein oder Nichtsein geht, mehr als irgendwo sonst; wenn sie sich ihm nicht selber gibt, versucht er, sie sich zu schaffen. Die Wege, auf denen dies versucht worden ist, sind äußerlich mannigfaltig, tiefer gesehen sind sie einander doch erstaunlich gleich. Wer heute über den Friedhof geht, findet in der Hauptsache die Namen von Menschen, die in den letzten fünfzig Jahren verstorben sind. Der Schmuck an ihren Gräbern zeigt, daß Lebende ihrer in Liebe gedenken. Ihre Kinder und ihre Freunde leben noch, man weiß noch um ihr Tun, und ihr Bild steht noch vor Augen – im Gedächtnis derer, die sie liebten, bleiben sie anwesend. In einer Art von zweitem Leben gehören sie noch einmal dieser Welt zu. Eines Tages werden die Letzten sterben, die um sie wußten, ihr Grabstein wird durch einen anderen ersetzt werden, ihr Name und ihr Bil-d verschwinden, sie sterben gleichsam ein zweites Mal, wenn das Gedächtnis der Menschen verlischt, das ihnen Dauer gab über den physischen Tod hinaus.

Man kann damit in unserer modernen Welt genau das beobachten, was in sogenannten »primitiven« Religionen ausdrücklicher Inhalt des Unsterblichkeitsglaubens ist. Dort ist man davon überzeugt, daß es kein ewiges, sondern nur ein zeitlich begrenztes Weiterleben nach dem Tode gibt, daß der »Geist« des Verstorbenen nur lebt, solange seiner gedacht wird – das Gedenken gibt ihm Leben,aber eben doch ein vermindertes Leben, wie es sich in der Vorstellung der Toten als Geister ausdrückt. Der Totenkult des alten Ägypten ist von hier aus gesehen ein grandioser Versuch, die immerwährende Unsterblichkeit zu erzwingen, indem man sein Gedächtnis unaustilgbar macht und sich eine Wohnung auf Erden baut, die alle Zeiten überdauert. Nun wechseln zwar die Vorstellungen und so auch die äußeren Formen, in denen der Mensch die Frage nach seiner Zukunft jenseits des Todes durch die Tat zu beantworten versucht; der Grundgedanke, der dabei leitend ist, bleibt durch den Wechsel der Kulturen hindurch erstaunlich konstant.

Versuchen wir, ihn noch etwas präziser zu fassen; wir werden dann von selbst auch mit der christlichen Antwort auf unser Problem konfrontiert werden. Die erste Erfahrung des Menschen ist zunächst die seiner Sterblichkeit; er sieht, daß er aus sich und in sich keinen Bestand hat. Die Kunst der Ärzte kann zwar die Grenzen seines Lebens hinausrücken; Bestand geben kann sie ihm nicht, und selbst wenn sie Hoffnung zeigen sollte, eines Tages das Kräutlein der Unsterblichkeit doch noch zu finden, kann der lebende Mensch von einer so vagen Verheißung nicht ausgehen. Er hat in sich selbst keinen Bestand, also muß er ihn außer sich suchen. Er muß gleichsam sich selber, seine Existenz, dem anvertrauen, was nach ihm noch sein wird und fortdauert in eine lange Zukunft hinein.

Aber wie soll das geschehen? Der erste Weg, den vor allem die sogenannten Naturvölker, aber zunächst auch das alte Israel gesucht haben, heißt: Zukunft durch Nachkommenschaft. In den Kindern lebt der eigene Name und das eigene Blut weiter, in ihnen hofft etwa der Israelit, Anteil zu gewinnen am messianischen Reich, also an jener Zeit, in der es endlich das eigentliche Leben geben wird, jenes Leben, das lohnt, immer fortzubestehen, weil es die Fülle und die Freude bringt, die wir jetzt nur augenblicksweise erahnen. Das Schlimmste für einen Menschen war es daher in Israel, kinderlos aus der Welt zu scheiden und so wirklich ausgeschlossen zu werden von der Zukunft, vom Leben.

Wenn man genau zusieht, sind hier zwei Motive wirksam: einmal die Vorstellung, mit dem Namen das Gedächtnis fortzusetzen, zum anderen der Versuch, mit der Lebensweitergabe auch etwas von der Substanz des Eigenen lebendig zu halten. Das alte Rom hat demgegenüber mehr auf den Gedanken des Ruhmes gesetzt: sich seinen Taten anzuvertrauen und durch sie immerfort in der Menschheit weiterzuleben. Im Grund ist unser marxistisch gestimmtes Zeitalter von solchen Versuchen der Zukunftsbeschaffung gar nicht allzuweit entfernt. Zukunft, das ist nun die Gesellschaft, in der Unterdrückung und Ungerechtigkeit beseitigt sind; man gehört der Zukunft zu, man hat Zukunft, indem man sich an dem Kampf um diese Gesellschaft beteiligt.

Das Gemeinsame aller dieser Antworten besteht darin, daß sie die Zukunft des Menschen in einem Dritten suchen, das nicht eigentlich er selbst ist; vor allem aber darin, daß sie die Lösung nicht in Form einer theoretischen Aussage, sondern durch die eigene Aktivität des Menschen geben, der sich aktiv seine Zukunft baut: Sie vertrauen die Zukunft nicht dem Glauben, sondern dem Tun an. Für den Menschen von heute scheint dies der einzige Weg zu sein.

Aber ist er eigentlich vertrauenswürdig? Wird der Kampf der Gegenwart wirklich morgen eine gerechte Gesellschaft hervorbringen, und wird diese Gesellschaft tatsächlich auch Zukunft für uns sein? Oder ist das, was vom Menschen weiterlebt, wenn er in Kindern, in seinem Namen, in seinen Taten fortbesteht, nicht doch immer nur ein unwirklicher Schatten, der überdies schnell zerfällt? Genau an dieser Stelle setzt der Glaube des Neuen Testaments an. Er gibt dem Menschen durchaus recht mit seiner Überzeugung, daß er aus sich ohne Bestand ist und daher nur fortleben kann, wenn er in einem anderen lebt.

Aber, so muß man in seinem Sinn weiterfahren, dieses Bemühen nach Leben im anderen würde Sinn nur haben, wenn der andere, dem wir uns anvertrauen, nicht wiederum, wie wir selbst, vergeht, sondern wirklich bleibt; es würde Sinn ferner nur dann haben, wenn dieser andere nicht bloß einen Schatten von uns – unsern Namen, unser Erbgut –, sondern wirklich uns selber festzuhalten vermöchte. Solches aber kann nur gelten, wenn Gott des Menschen gedenkt: Nur er bleibt, nur sein Gedanke ist Wirklichkeit. Und eben dies ist die hoffende Gewißheit, die der biblische Glaube gewähren will: Der Ewige gedenkt des Menschen, der Mensch lebt im Gedenken Gottes und so wahrhaft als er selber, denn Gottes Gedanke ist kein Schatten, sondern Wirklichkeit.

Nun beginnen für uns Menschen von heute an dieser Stelle, an der der Umriß der christlichen Antwort sichtbar geworden ist, die Fragen erst so richtig. Nur eine davon will ich noch etwas näher beleuchten. Wir hatten zuvor festgestellt, daß der Mensch im Lauf der Geschichte und heute mehr denn je versucht hat und versucht, die Frage der Zukunft aus dem Raum der Theorie und des Glaubens herauszunehmen und zu einer Sache seiner Tat zu machen: Der Tod ist auf diese Weise die ganze Geschichte hindurch zum mächtigsten Stachel des Lebens geworden; die Menschheit hat immer weit mehr von ihrer Zukunft als von ihrer Gegenwart gelebt, und an der Art der Werke kann man gut ihre Form von Hoffnung wie ihr Verständnis der Todesfrage ablesen. Aber wie steht es in diesem Blickwinkel mit der christlichen Antwort? Weist sie uns nicht in die reine Passivität des bloßen Erwartens zurück, das dem Menschen keine Aufgabe setzt und so sein Leben entwertet? Ist sie vielleicht deshalb unserem aktiven, praxisbezogenen Zeitalter so fremd geworden? Nun, eine gewisse Entmächtigung des Menschen bedeutet diese Antwort auf jeden Fall. Der Traum, er könnte sich selbst Unsterblichkeit geben, wird ihm in der Tat zerschlagen. Er wird genötigt, von der eigenen Macht weniger zu halten und mehr von der Liebe, die er nun einmal nur geschenkt bekommen kann.

Aber damit sind wir schon bei der zweiten Hälfte unserer Antwort angelangt: Unsterblichkeit hat nach christlichem Glauben fundamental mit der Liebe zu tun. Das allein Ewige ist die Liebe; als Liebe ist Gott Ewigkeit. Und seine Liebe wiederum ist des Menschen Ewigkeit, im Geliebtsein von der ewigen Liebe ist er unvergänglich aufgehoben. Er ist es, weil er selbst lieben kann. Auch ihm gibt nur die

Liebe Ewigkeit; von dem Maß und von der Weise seines Liebens hängen Maß und Weise seiner Ewigkeit ab. Wenn aber sein Lieben seine Zukunft ist, dann ist Zukunft für ihn ebenso Tat wie Empfangen – ganz sein eigenes und ganz sein geschenktes zugleich. Des Menschen und der Menschheit Hoffnung ist die Liebe – so lautet die Antwort des christlichen Glaubens, der darin ganz realistisch, der nüchternen Praxis des Alltags zugewandt und ganz Glaube ist, dem Unverfügbaren geöffnet, das weit über unser Leisten hinaus uns beschenkt mit dem, was kein Mensch zu geben vermag: mit ewigem Leben.

28 Marie Luise Kaschnitz
Ein Leben nach dem Tode

Glauben Sie fragte man mich
An ein Leben nach dem Tode
Und ich antwortete: ja
Aber dann wußte ich
Keine Auskunft zu geben
Wie das aussehen sollte
Wie ich selber
Aussehen sollte
Dort

Ich wußte nur eines
Keine Hierarchie
Von Heiligen auf goldnen Stühlen
Sitzend
Kein Niedersturz
Verdammter Seelen
Nur

Nur Liebe frei gewordne
Niemals aufgezehrte
Mich überflutend

Kein Schutzmantel starr aus Gold
Mit Edelsteinen besetzt
Ein spinnwebenleichtes Gewand
Ein Hauch
Mir um die Schultern
Liebkosung schöne Bewegung
Wie einst von tyrrhenischen Wellen
Wie von Worten die hin und her
Wortfetzen
Komm du komm

Schmerzweb mit Tränen besetzt
Berg-und-Tal-Fahrt
Und deine Hand
Wieder in meiner

So lagen wir lasest du vor
Schlief ich ein
Wachte auf
Schlief ein
Wache auf
Deine Stimme empfängt mich
Entläßt mich und immer
So fort

Mehr also, fragen die Frager
Erwarten Sie nicht nach dem Tode?
Und ich antworte
Weniger nicht.

Tod und Auferstehung

»Und du willst auferstehen lebenslang...« Mit dieser zweifelnden-ungläubigen Frage beginnt ein Gedicht von Elisabeth Borchers (Text 33). Auferstehung: Ausdruck biblischer Endzeithoffnung, Zeichen der Überwindung des Todes, letzter Triumph Christi. Muß der Glaube an solche Auferstehung nicht scheitern angesichts eines Lebens, das gekennzeichnet ist von Leere, Gleichförmigkeit und Hoffnungslosigkeit? Angesichts eines Lebens, das nur im endgültigen Tod Erlösung finden kann? – Kaum ein anderes Gedicht enthält eine schärfere Ablehnung der alten Glaubensaussage. Wenn schon der Tod gegenwärtigem Lebensgefühl fremd zu werden beginnt, um wie vieles mehr übersteigt der Auferstehungsglaube Vorstellungskraft und Wirklichkeitsverständnis des Menschen?
Wenn wir dennoch einen Zugang zur Auferstehung suchen, müssen wir zunächst aufhellen, in welchen Motiv- und Vorstellungszusammenhängen die frühen Christen von der Auferstehung gesprochen haben und wie ihnen ein solcher Gedanke verständlich war. Über die Analyse biblischer Texte hinaus ist sodann zu fragen, welche Erfahrungen dieses archetypische Symbol in sich aufgenommen hat und welche Bedeutungsgehalte in ihm mitschwingen.
Vielleicht kann so die Anschauungsfülle des Symbols ein wenig erschlossen werden; vielleicht gewinnen heutige Erfahrungen an Intensität – während umgekehrt das Symbol »Auferstehung« verständlicher wird. Es mag sein, daß davon manch einer ermutigt wird, trotz Zweifel und Hoffnungslosigkeit bewußter und intensiver zu leben.

29

1 Korinther 15,1–8.12–28
Christi Auferstehung

Wenn man eine geschichtliche Persönlichkeit portraitiert, kann man dies von unterschiedlichen Standorten und aus verschiedenen Blickwinkeln tun. Je nach der Perspektive wird auch das entstehende Bild ein anderes sein. Man kann sich etwa damit begnügen, die Lebensdaten und Werke eines Menschen aufzuzählen. Ein solches Verfahren ergibt zwar eine in Einzelheiten gehende und unangreifbare Skizze. Aber es bleiben manche Züge ausgespart, die sich diesem feststellenden Verfahren entziehen. Gerade diese enthalten jedoch häufig das unverwechselbar Einmalige eines Menschen und verleihen seinem Bild Kontur und Farbe. Solche Portraits verlangen vom Betrachter Einfühlung und Aneignung; sie reizen aber auch zum Widerspruch.
Das gilt besonders für Deutungen, die versuchen, eine Gestalt in einen übergreifenden Zusammenhang zu stellen und deren universale Bedeutung zu bestimmen. Für Paulus wird Jesus zum maßgebenden Angelpunkt der Weltgeschichte. Innerhalb seiner Christologie ist die Auferstehung ein entscheidender Bezugspunkt; denn mit der Auferweckung Christi hat Gott die Endzeit heraufgeführt, deren Zeichen und Geschehnisse die Apokalyptiker in großen Visionen geschaut und herbeigesehnt hatten. Deshalb ist die Auferstehung Christi auch nicht als isoliertes Ereignis zu sehen, als ein Wunder gleichsam, das die Göttlichkeit Jesu beweist. Vielmehr eröffnet die Auferstehung den eschatologischen* Horizont, der Geschichte und Kosmos gleichermaßen betrifft. Vor solchem Hintergrund gestaltet Paulus aus persönlicher Betroffenheit sein Christusbild. – Als in der Gemeinde von Korinth der Glaube an die endzeitliche Auferstehung der Toten bestritten wurde, begründet und entfaltet Paulus seine Auffassung von der Auferstehung.*

Ich erinnere euch, Brüder, an das Evangelium, das ich euch verkündigt habe. Ihr habt es angenommen und steht fest darin. [2]Durch dieses Evangelium werdet ihr gerettet, wenn ihr an dem Wortlaut festhaltet, den ich euch verkündigt habe; sonst wärt ihr vergebens zum Glauben gekommen.
[3]Denn vor allem habe ich euch überliefert, was auch ich empfangen habe:
Christus starb für unsere Sünden,
wie es die Schriften gesagt haben,
[4]und wurde begraben.
Er ist am dritten Tag auferweckt worden,
wie es die Schriften gesagt haben,
[5]und erschien dem Kefas, dann den Zwölf.
[6]Danach erschien er mehr als fünfhundert Brüdern zugleich; die meisten von ihnen sind noch am Leben, einige sind entschlafen. [7]Danach erschien er dem Jakobus, dann allen Aposteln. [8]Als letztem von allen erschien er auch mir, der unzeitigen Geburt, (...)
[12]Wenn aber verkündigt wird, daß Christus von den Toten auferweckt worden ist, wie können dann einige von euch sagen: Eine Auferstehung der Toten gibt es nicht? [13]Wenn es keine Auferstehung der Toten gibt, ist auch Christus nicht auferweckt worden. [14]Ist aber Christus nicht auferweckt worden, dann ist unsere Verkündigung nichts, und nichts ist euer Glaube. [15]Wir werden dann auch als falsche Zeugen Gottes entlarvt, weil wir im Widerspruch zu Gott das Zeugnis abgelegt haben: Er hat Christus auferweckt. Er hat ihn eben nicht auferweckt, wenn Tote nicht auferweckt werden. [16]Denn wenn Tote nicht auferweckt werden, ist auch Christus nicht auferweckt worden. [17]Wenn aber Christus nicht auferweckt worden ist, dann ist euer Glaube umsonst, und ihr seid immer noch in euren Sünden; [18]und auch die in Christus Entschlafenen sind dann verloren. [19]Wenn wir nur in diesem Leben auf Christus gehofft haben, ist unser Elend größer als das aller anderen Menschen.
[20]Nun steht aber fest, daß Christus von den Toten auferweckt worden ist, der Erste der Entschlafenen. [21]Da nämlich durch einen Menschen der Tod gekommen ist, kommt durch einen Menschen auch die Auferstehung der Toten. [22]Denn wie in Adam alle sterben, so werden in Christus einst alle lebendig gemacht.
[23]Es gibt aber eine Reihenfolge: Erster ist Christus; dann folgen, wenn Christus erscheint, alle, die zu ihm gehören. [24]Dann folgt das Ende, wenn er jede Macht, Gewalt und Kraft vernichtet hat und seine Herrschaft Gott dem Vater übergibt. [25]Denn er muß herrschen, bis Gott *ihm alle Feinde unter die Füße gelegt hat.* [26]Der letzte Feind, der vernichtet wird, ist der Tod. [27]Sonst hätte er *ihm* nicht *alles zu Füßen gelegt.* Wenn es aber heißt, alles sei unterworfen, ist offenbar der ausgenommen, der ihm alles unterwirft. [28]Wenn ihm dann alles unterworfen ist, wird auch er, der Sohn, sich dem unterwerfen, der ihm alles unterworfen hat, damit Gott herrscht über alles in allem.

30 Lukas 24,13-35
Auf dem Weg nach Emmaus

Etwa 30–35 Jahre, nachdem Paulus seinen Brief an die Korinther geschrieben hatte, entstand das Lukas-Evangelium.
Der Abstand zu den Ereignissen des Lebens Jesu war größer geworden. Das Christentum hatte in einer Umwelt Fuß gefaßt, in der Tod und Auferstehung Jesu nicht mehr von vornherein als Anzeichen der nahen Endzeit und des Gerichts verstanden werden konnten. Die Naherwartung, d. h. der Glaube an das unmittelbar bevorstehende Ende der Welt, verlor an Bedeutung zugunsten der Notwendigkeit, die Grundzüge des

Glaubens zu entfalten und kirchliche Lebensformen und Gemeindestrukturen zu begründen und fortzuentwickeln.
Die Erzählung von den Emmaus-Jüngern enthält zwei Motive, die – im Vergleich zu Paulus – eine andere Akzentuierung erkennen lassen: Während Paulus sich im Glauben unbeirrbar erweist, zeichnet Lukas in den beiden Jüngern Anhänger Jesu, die durch die Jerusalemer Ereignisse im Glauben erschüttert und in ihren Erwartungen enttäuscht sind.
Erst durch die Neuinterpretation des Alten Testaments im Gottesdienst gewinnen sie ein anderes Messias-Verständnis, und die Mahlfeier der Gemeinde wird zum Ort, wo sich der Auferstandene zu erkennen gibt und Auferstehung erfahrbar wird.

13 Am gleichen Tag waren zwei von den Jüngern auf dem Weg in ein Dorf namens
Emmaus, das sechzig Stadien von Jerusalem entfernt ist. 14 Sie sprachen miteinander
über all das, was sich ereignet hatte. 15 Und während sie redeten und ihre Meinungen
austauschten, kam Jesus dazu und ging mit ihnen. 16 Doch sie waren wie mit Blindheit
geschlagen, so daß sie ihn nicht erkannten. 17 Er fragte sie: Was sind das für Dinge,
über die ihr auf dem Weg miteinander redet? Da blieben sie traurig stehen, 18 und der
eine von ihnen, der Kleopas hieß, antwortete ihm: Bist du der einzige in Jerusalem,
der nicht gehört hat, was sich in diesen Tagen dort ereignete? 19 Er fragte sie: Was
denn? Sie antworteten ihm: Das mit Jesus aus Nazaret; er war ein Prophet und hat
vor Gott und allem Volk Großes getan und gesagt. 20 Doch unsere Hohenpriester und
Führer haben ihn zum Tod verurteilt und ans Kreuz schlagen lassen. 21 Wir aber
hofften, daß er es sei, der Israel retten werde. Und heute ist schon der dritte Tag, seit
das geschehen ist. 22 Einige Frauen aus unserem Kreis haben uns allerdings in große
Aufregung versetzt. Sie waren in der Frühe beim Grab, 23 fanden aber seinen
Leichnam nicht. Als sie zurückkamen, erzählten sie, ihnen seien Engel erschienen
und hätten gesagt, daß er lebe. 24 Einige von uns gingen dann zum Grab und fanden
es so, wie die Frauen gesagt hatten; ihn selbst aber sahen sie nicht.
25 Da sagte er zu ihnen: Begreift ihr denn nicht? Wie schwer fällt es euch, alles zu
glauben, was die Propheten gesagt haben! 26 Mußte nicht der Messias all das erleiden
und so in seine Herrlichkeit eintreten? 27 Und Jesus legte ihnen dar, ausgehend von
Mose und allen Propheten, was in der ganzen Schrift über ihn geschrieben steht. 28 So
erreichten sie das Dorf, zu dem sie unterwegs waren. Jesus tat, als wolle er
weitergehen, 29 aber sie drängten ihn und sagten: Bleib bei uns; es wird bald Abend,
der Tag hat sich schon geneigt. Da ging er mit hinein, um bei ihnen zu bleiben. 30 Und
als er sich mit ihnen zum Essen niedergesetzt hatte, nahm er das Brot, sprach den
Segen, brach es und gab es ihnen. 31 Da gingen ihnen die Augen auf, und sie
erkannten ihn; doch auf einmal war er nicht mehr zu sehen. 32 Und sie sagten
zueinander: Brannte uns nicht das Herz, als er unterwegs mit uns redete und uns den
Sinn der Schrift erklärte? 33 Noch in derselben Stunde brachen sie auf und kehrten
nach Jerusalem zurück. Sie fanden die Elf und die anderen Jünger versammelt.
34 Diese sagten: Der Herr ist wirklich auferweckt worden und ist dem Simon
erschienen. 35 Da erzählten auch sie, was sie unterwegs erlebt hatten und wie sie ihn
erkannten, als er das Brot brach.

31 Augustinus
Die Taufe – ein Abbild des Todes Christi

Die Tatsache, daß sich die Wiederkunft Christi (Parusie) verzögerte, führte zur Abschwächung der ursprünglichen Naherwartung. Im Verlauf dieser sogenannten »Ent-Eschatologisierung« sah man in der Kirche mehr und mehr das verwirklichte Gottesreich. Einen gewissen Abschluß dieser Entwicklung bildet Augustinus: Er lehrt, daß das Reich Gottes in der Kirche angebrochen sei und sieht in ihr den irdischen Repräsentanten jener eschatologischen Größe.*
Damit gewinnt Augustinus einen Bezugsrahmen, in dem auch die Auferstehung eine kennzeichnende Neuinterpretation erfährt.

Nachdem der Apostel Paulus über die durch den einen Menschen [Adam] verschuldete Strafe und über die durch den einen Menschen [Christus] verdiente Gnade in einer dem Umfang seines Briefes [an die Römer] angemessenen Ausführlichkeit gesprochen hat, redet er von dem im Kreuze Christi verborgenen großen Geheimnis der heiligen Taufe in einer Weise, daß wir erkennen müssen, die Taufe in Christus sei nichts anderes als ein Abbild des Todes Christi, der Tod des gekreuzigten Christus aber hinwiederum nichts anderes als das Abbild der Sündennachlassung. Wie also bei Christus [am Kreuze] wahrhaftig der Tod eintrat, so erfolgt bei uns [in der Taufe] wahrhaftig der Nachlaß unserer Sünden, und wie bei ihm [auf den Kreuzestod] wirklich die Auferstehung folgte, so folgte bei uns [auf die Wiedergeburt in der Taufe] wirklich die Rechtfertigung. (...)
Alles also, was bei der Kreuzigung Christi, bei seinem Begräbnis, bei seiner Auferstehung am dritten Tag, bei seiner Himmelfahrt und bei seinem Sitzen zur Rechten des Vaters geschah, vollzog sich in der Weise, daß dadurch ein Abbild des christlichen Lebens hier auf Erden geschaffen wurde, und zwar nicht bloß durch seine geheimnisvollen Reden, sondern auch durch seine Taten. So heißt es zum Beispiel bezüglich seines Kreuzes: »Jene, die Jünger Jesu Christi sind, haben ihr Fleisch mit seinen Leidenschaften und Begierden gekreuzigt« [Gal 5,24]; bezüglich seines Begräbnisses: »Wir sind ja mit Christus durch die Taufe zum Tode begraben« [Röm 6,4]; bezüglich seiner Auferstehung: »Gleichwie Christus durch die Kraft des Vaters wieder vom Tod erweckt wurde, so sollen auch wir zu neuem Leben erstehen und es in unserem Wandel bestätigen« [Röm 6,4], und bezüglich seiner Himmelfahrt und seines Sitzens zur Rechten des Vaters heißt es: »Seid ihr nun mit Christus auferstanden, so trachtet nach dem, was droben ist, wo Christus zur Rechten des Vaters sitzt; was im Himmel ist, suchet, nicht, was auf Erden ist; denn ihr seid [in der Taufe dem alten Menschen nach] gestorben; euer neues Leben aber ist noch verborgen mit Christus in Gott.« [Kol 3,1–3]

32 Karl Rahner
Vom Sinn der Auferstehung

Wie lassen sich Auferstehungsglaube und kritisch-naturwissenschaftliches Denken vereinbaren? Diese Frage beschäftigt seit den Tagen der Aufklärung die Theologen und ist heute zu einem Problem vieler Christen geworden.
»Auferstehung« hatte sich in der Vergangenheit vielfach zu einem Beglaubigungswunder reduziert, durch das die Göttlichkeit Christi bewiesen wurde. Gegenüber solcher Verengung sucht der Theologe

Rahner den eschatologischen Gehalt des ursprünglichen Verständnisses zurückzugewinnen und aus der Perspektive heutigen Menschenverständnisses neue Einsichten zu vermitteln.

Wir verfehlen von vornherein den Sinn von »Auferstehung« im allgemeinen und auch bei Jesus, wenn wir uns ursprünglich an der Vorstellung einer Wiederbelebung eines physisch-materiellen Leibes orientieren. Jene Auferstehung, um die es bei der Auferstehung Jesu (im Unterschied zu den Totenerweckungen im Alten und Neuen Testament) geht, meint die endgültige Gerettetheit der konkreten menschlichen Existenz durch Gott und vor Gott, die bleibende reale Gültigkeit der menschlichen Geschichte, die weder ins Leere immer weitergeht noch untergeht. Diesbezüglich ist gerade der Tod, ohne den es diese Endgültigkeit nicht gibt, der wesentliche Verzicht und die radikale Entsagung gegenüber einem Vorstellungsmodell des »Wie« dieser Endgültigkeit, mag diese auf den »Leib« oder auf die »geistige Seele« dieser einen menschlichen Existenz bezogen werden. Ein als leer festgestelltes Grab bezeugt als solches allein nie den Sinn und die Existenz einer Auferstehung. Die Frage – die nicht von vornherein bestritten werden soll –, welcher Schicht in der Tradition der Auferstehung Jesu das leere Grab angehört und welche Bedeutung es darin habe, kann hier auf sich beruhen. Auferstehung meint von vornherein nicht eine heilsneutrale Bleibendheit der menschlichen Existenz, sondern ihre Angenommenheit und ihr Gerettetsein durch Gott.

existentielles Verständnis: endgültige Gerettetheit vor und durch Gott

33 Elisabeth Borchers
Immer ein anderes

und du willst auferstehen lebenslang
und der vogel beschattet das haus noch
im tode der wind pflanzt sich fort
in den tag in die nacht und schüttelt
dein aug aber es ist leer auch die
Papierkörbe sind leer und die leere
ist eingeschlafen und weckt dich nicht mehr.

Weh dir die luft ist leer sie nimmt dich
nicht der baum ist leer er nimmt dich
nicht kein vogel bist du vogel mehr kein
stein der weint um dich mein stein und
auch die Sonne nicht und nicht der mond

und du willst auferstehen lebenslang
und fragst und fragst die nächste stadt
die andre stadt und klopfst und fragst
ist dies die nächste stadt das nächste
haus das haus ist leer die kerzen die
da brennen brennen nicht so lösch sie
auch es weckt dich niemand niemals mehr.

34

Marie Luise Kaschnitz
Auferstehung

Manchmal stehen wir auf
Stehen wir zur Auferstehung auf
Mitten am Tage
Mit unserem lebendigen Haar
Mit unserer atmenden Haut.

Nur das Gewohnte ist um uns.
Keine Fata Morgana von Palmen
Mit weidenden Löwen
Und sanften Wölfen.

Die Weckuhren hören nicht auf zu ticken
Ihre Leuchtzeiger löschen nicht aus.

Und dennoch leicht
Und dennoch unverwundbar
Geordnet in geheimnisvolle Ordnung
Vorweggenommen in ein Haus aus Licht.

Lebensgefühl ?

Gericht – Hölle – Himmel

Das Jüngste Gericht
Tympanon über dem Fürstenportal
des Bamberger Domes

35

Mattäus 4,1–11
Die Versuchung Jesu

Der ›Teufel‹ gehört zum Inventar der mythischen Welt. Himmel und Hölle liegen im Streit – dazwischen leben die Menschen. Als Stätte des Kampfes und der Entscheidung. Die jenseitigen Welten schicken bei besonderen Anlässen Vertreter in die Menschenwelt; diese versuchen, den Gang der Ereignisse zu beeinflussen. So steht es auch dem Teufel gut an, von Zeit zu Zeit nach dem Rechten zu sehen.
Fragt man: wo gibt es diesen Teufel? wo kommt er vor? lautet eine erste Antwort: Es gibt ihn in Erzählungen. Diese mythischen Erzählungen aber berichten nicht von Sachverhalten und Ereignissen; sie erzählen von einer tieferen Wahrheit. Sie deuten menschliche Erfahrungen. – Eine zweite Antwort ergibt sich vielleicht aus der Frage: Welche Erfahrung des Bösen ist gemeint und für uns verstehbar in jenen mythischen Erzählungen vom Teufel?

Die zweite Versuchung
Autun, Kapitell (Detail), 12. Jhdt.

Dann wurde Jesus vom Geist in die Wüste gebracht; dort sollte er vom Teufel in
Versuchung geführt werden. 2Als er vierzig Tage und vierzig Nächte gefastet hatte,
bekam er Hunger. 3Da trat der Versucher an ihn heran und sagte: Wenn du Gottes
Sohn bist, so befiehl, daß aus diesen Steinen Brot wird. 4Er aber antwortete: Es steht
geschrieben: *Nicht nur von Brot lebt der Mensch, sondern von jedem Wort, das aus*
Gottes Mund kommt. 5Darauf nahm ihn der Teufel mit sich in die heilige Stadt, stellte
ihn oben auf den Tempel 6und sagte zu ihm: Wenn du Gottes Sohn bist, so stürz dich
hinab; denn es steht geschrieben:
Seine Engel bietet er auf für dich,
und sie werden dich auf Händen tragen,
damit dein Fuß nicht an einen Stein stößt.
7Jesus antwortete ihm: Ebenso steht geschrieben: *Du sollst den Herrn, deinen Gott,*
nicht versuchen. 8Wieder nahm ihn der Teufel mit sich und führte ihn auf einen sehr
hohen Berg; er zeigte ihm alle Reiche der Welt mit ihrer Pracht 9und sagte zu ihm:
Das alles will ich dir geben, wenn du vor mir niederfällst und mich anbetest. 10Da
sagte Jesus zu ihm: Weg mit dir, Satan! Denn es steht geschrieben: *Den Herrn,*
deinen Gott, sollst du anbeten und ihm allein dienen. 11Darauf ließ der Teufel von ihm
ab; Engel aber kamen und dienten ihm.

36 Mattäus 25,31–46
Das Weltgericht

Nach welchem Maßstab soll das Leben gemessen werden? Wann kann man sagen, es habe den schuldigen Ertrag gebracht? – Diese Frage zielt nicht allein auf die Schlußbilanz; sie muß schon gestellt werden, wenn der Mensch prüft, nach welchen Werten und Zielen er sein Leben ausrichten soll. Das Mattäusevangelium faßt die Vorstellung vom Endgericht aufgrund der Erfahrungen der frühen Gemeinde in folgende Deutung:

Der Engel bläst zum letzten Gericht Autun, Tympanon (Detail), 12. Jhdt.

[31]Wenn der Menschensohn in seiner Herrlichkeit kommt und alle Engel mit ihm, dann wird er sich auf den Thron seiner Herrlichkeit setzen. [32]Und alle Völker werden vor ihm versammelt, und er wird sie voneinander scheiden, wie der Hirt die Schafe von den Ziegen scheidet. [33]Er wird die Schafe auf seine rechte Seite, die Ziegen aber auf seine linke Seite stellen. [34]Dann wird der König zu denen an seiner rechten Seite sagen: Kommt her, die ihr von meinem Vater gesegnet seid, nehmt das Reich in Besitz, das am Anfang der Welt für euch geschaffen worden ist! [35]Denn ich war hungrig, und ihr habt mir zu essen gegeben; ich war durstig, und ihr habt mir zu trinken gegeben; ich war obdachlos, und ihr habt mich aufgenommen; [36]ich war nackt, und ihr habt mich bekleidet; ich war krank, und ihr habt mich besucht; ich war im Gefängnis, und ihr seid zu mir gekommen. [37]Dann werden ihm die Gerechten antworten: Herr, wann haben wir dich hungrig gesehen und dir zu essen gegeben, oder durstig, und dir zu trinken gegeben? [38]Und wann haben wir dich obdachlos gesehen und dich aufgenommen, oder nackt, und dich bekleidet? [39]Und wann haben wir dich krank oder im Gefängnis gesehen und sind zu dir gekommen? [40]Darauf wird der König ihnen antworten: Amen, ich sage euch: Was ihr für einen meiner geringsten Brüder getan habt, das habt ihr für mich getan. [41]Dann wird er sich an die auf seiner linken Seite wenden und zu ihnen sagen: Weg von mir, ihr Verfluchten, in das ewige Feuer, das für den Teufel und seine Engel geschaffen ist! [42]Denn ich war hungrig und ihr habt mir nichts zu essen gegeben; ich war durstig und ihr habt mir nichts zu trinken gegeben; [43]ich war obdachlos, und ihr habt mich nicht aufgenommen; ich war nackt, und ihr habt mich nicht bekleidet; ich war krank und im Gefängnis, und ihr habt mich nicht besucht. [44]Dann werden auch sie antworten: Herr, wann haben wir dich hungrig oder durstig oder obdachlos oder nackt oder im Gefängnis gesehen und haben dir nicht geholfen? [45]Darauf wird er ihnen antworten: Amen, ich sage euch: Was ihr für einen dieser Geringsten nicht getan habt, das habt ihr auch für mich nicht getan. [46]So werden diese die ewige Strafe erhalten, die Gerechten aber das ewige Leben.

37 Pseudo-Macarius
Das Schicksal der Seele nach dem Tod

Religiöse Phantasie und Mythen haben das Leben nach dem Tod ausgemalt. Sehr anschaulich stellen sich Gläubige von der späten Antike bis ins 19. Jahrhundert hinein vor, was nach dem Tod geschehen könnte.

Wenn die Menschenseele aus dem Leibe scheidet, vollzieht sich mit ihr ein großes Geheimnis. Hat sie Sündenschuld auf sich geladen, so kommen Dämonenscharen, unheilkündende Engel und Mächte der Finsternis. Die ergreifen jene Seele und halten sie in ihrer Gesellschaft fest. Das darf niemanden wundern. Denn wenn ein Mensch schon im Leben und in dieser Welt ihnen unterworfen war, gehorchte und ihr Sklave war, um wieviel mehr wird er beim Scheiden aus dieser Welt von ihnen in Besitz genommen und festgehalten. Hinsichtlich der Guten mußt du dir aber die Sache so vorstellen: Den heiligen Gottesknechten stehen schon jetzt Engel zur Seite, und heilige Geister umgeben und schützen sie. Scheiden sie dann aus dem Leibe, so nehmen die Engelchöre ihre Seelen auf in ihr Eigentum, in die reine Welt. Und so führen sie diese zum Herrn.

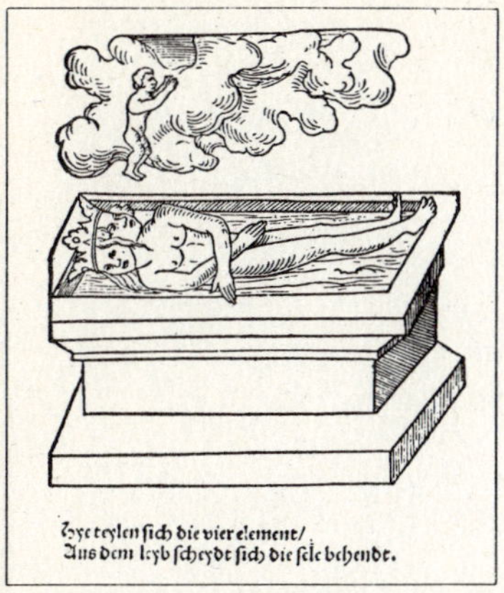

*Trennung von Seele und Leib
Aus dem »Rosarium philosophorum«, 1550*

38 Thomas von Celano
Dies irae, dies illa

Das Lebensgefühl katholischer Christen war lange Zeit mitgeprägt vom kirchlichen Trauergottesdienst, dem »Requiem«. Seit dem 14. Jahrhundert bis zur Liturgiereform nach dem Zweiten Vatikanischen Konzil (1961–1965) war diese Sequenz ein wichtiger Bestandteil der Totenliturgie. Sie ist ein Lese- und Betrachtungslied, in dem eindringlich und eigenwillig die Schrecken des Letzten Gerichts dargestellt sind.*

*Der Engel mit der Gerichtswaage
Autun, Tympanon (Detail), 12. Jhdt.*

Dies iræ, dies illa
Solvet sæclum in favilla:
Teste David cum Sibylla.

Quantus tremor est futúrus,
Quando judex est ventúrus,
Cuncta stricte discussúrus!

Tuba, mirum spargens sonum
Per sepúlcra regiónum,
Coget omnes ante thronum.

Mors stupébit et natúra,
Cum resúrget creatúra,
Judicánti responsúra.

Liber scriptus proferétur,
In quo totum continétur,
Unde mundus judicétur.

Judex ergo cum sedébit,
Quidquid latet apparébit:
Nil inúltum remanébit.

Quid sum miser tunc dictúrus?
Quem patrónum rogatúrus,
Cum vix justus sit secúrus?

Rex treméndæ majestátis,
Qui salvándos salvas gratis,
Salva me, fons pietátis.

Recordáre, Jesu pie,
Quod sum causa tuæ viæ:
Ne me perdas illa die.

Quærens me, sedisti lassus:
Redemisti Crucem passus:
Tantus labor non sit cassus.

Tag der Rache Tag den Sünden,
Wird das Weltall sich entzünden,
Wie Sibyll und David künden.

Welch ein Graus wird sein und Zagen,
Wenn der Richter kommt mit Fragen
Streng zu prüfen alle Klagen!

Laut wird der Posaune klingen
Durch der Erde Gräber dringen,
Alle hin zum Throne zwingen.

Schaudernd sehen Tod und Leben
Sich die Kreatur erheben,
Rechenschaft dem Herrn zu geben.

Und ein Buch wird aufgeschlagen,
Treu darin ist eingetragen
Jede Schuld aus Erdentagen.

Sitzt der Richter dann zu richten,
Wird sich das Verborgne lichten;
Nichts kann vor der Strafe flüchten.

Weh! was werd ich Armer sagen?
Welchen Anwalt mir erfragen,
Wenn Gerechte selbst verzagen?

König schrecklicher Gewalten,
Frei ist Deiner Gnade Schalten:
Gnadenquell, laß Gnade walten!

Milder Jesus, wollst erwägen,
Daß Du kamest meinetwegen,
Schleudre mir nicht Fluch entgegen.

Bist, mich suchend, müd gegangen,
Mir zum Heil am Kreuz gehangen,
Mög dies Mühn zum Ziel gelangen.

Juste judex ultiónis, Donum fac remissiónis Ante diem ratiónis.	Richter Du gerechter Rache, Nachsicht üb in meiner Sache, Eh' ich zum Gericht erwache.
Ingemisco, tamquam reus: Culpa rubet vultus meus: Supplicánti parce, Deus.	Seufzend steh ich schuldbefangen, Schamrot glühen meine Wangen, Laß mein Bitten Gnad erlangen.
Qui Mariam absolvisti, Et latrónem exaudisti, Mihi quoque spem dedisti.	Hast vergeben einst Marien, Hast dem Schächer dann verziehen, Hast auch Hoffnung mir verliehen.
Preces meæ non sunt dignæ: Sed tu bonus fac benigne, Ne perénni cremer igne.	Wenig gilt vor Dir mein Flehen, Doch aus Gnade laß geschehen, Daß ich mög der Höll entgehen.
Inter oves locum præsta, Et ab hædis me sequéstra, Státuens in parte dextra.	Bei den Schafen gib mir Weide, Von der Böcke Schar mich scheide, Stell mich auf die rechte Seite.
Confutátis maledictis, Flammis ácribus addictis: Voca me cum benedictis.	Wird die Hölle ohne Schonung Den Verdammten zur Belohnung, Ruf mich zu der Sel'gen Wohnung.
Oro supplex et acclinis, Cor contritum quasi cinis: Gere curam mei finis.	Schuldgebeugt zu Dir ich schreie, Tief zerknirscht in Herzensreue, Sel'ges Ende mir verleihe.
Lacrimósa dies illa, Qua resúrget ex favilla Judicándus homo reus.	Tag der Tränen, Tag der Wehen, Da vom Grabe wird erstehen Zum Gericht der Mensch voll Sünden;
Huic ergo parce, Deus Pie Jesu Dómine, Dona eis réquiem. Amen.	Laß ihn, Gott, Erbarmen finden. Milder Jesus, Herrscher Du, Schenk den Toten ew'ge Ruh. Amen.

Szenen aus dem ›Weltgericht‹
Autun, Tympanon, 12. Jhdt.

Zur Erklärung des menschlichen Schicksals nach dem Tod hat die christliche Tradition eine Reihe von Bildern entworfen. Sie sind weitgehend dem Weltbild der Antike und des Mittelalters verhaftet. Vereinfachend kann man diese Bilder in folgender Aussagenreihe zusammenführen:

1. *Im Augenblick des Todes trennt sich die Seele vom Leib.*
2. *Die Seele tritt vor Gott; Gott richtet im »persönlichen Gericht« den Menschen. Maßgebend für das göttliche Urteil ist die Lebensbilanz des Verstorbenen, insbesondere aber sein Glaube und sein Handeln unmittelbar vor dem Tod.*
3. *Die Seelen der schwer Schuldigen werden in die Verdammnis, in die Hölle, gestoßen. Dort sind sie den Qualen und Folterungen der Teufel ausgeliefert; insbesondere aber leiden sie unter der Gottesferne.*
4. *Wer in vollkommener Güte und im rechten Glauben verstorben ist, gelangt unmittelbar zur »Anschauung Gottes« – im Himmel nimmt er teil am Glück der Engel und der seligen Geister.*
5. *Die Menschen, die zwar schuldig, doch nicht mit schwerer Schuld, gestorben sind, werden von Gott an einen Reinigungsort verwiesen: das Fegefeuer. Auch dort erleiden sie Qualen und Not; aber ihr Aufenthalt ist befristet. Nach absehbarer Zeit kommen sie in den Himmel.*
6. *Am Ende der Zeiten findet ein großes »allgemeines Gericht« statt, daran nimmt die ganze Menschheit teil, auch diejenigen Menschen, die am Tage des Weltuntergangs noch leben. Beim allgemeinen (End-)Gericht werden die Leiber der Verstorbenen wieder mit der Seele vereinigt. Die endgültige »Auferstehung des Fleisches« ist da.*

Der Jüngste Tag
Aus dem Perikopenbuch Heinrich II.
(»Bamberger Apokalypse«)
Reichenau, Anfang 11. Jhdt.

7. *Bei diesem Weltgericht – dem »Jüngsten Tag« – führt Gott die Menschheit zu einer großen Gemeinschaft zusammen. Das Fegefeuer hat seine Aufgabe beendet. Gott stellt endgültig die Herrlichkeit der Erlösten (den »Neuen Himmel«, vgl. Offb 21) her und verstößt endgültig die Verdammten. Die gesamte Schöpfung wird umgewandelt in ein vollkommenes Werk Gottes.*

Diese Vorstellungselemente sind dem heutigen Menschen fremd geworden. Mit Trauer vielleicht nimmt er wahr, daß er sich das Jenseits des Todes nicht mehr so anschaulich und eindringlich denken kann. Wenn das, was mit diesen Bildern gemeint ist, nicht verlorengehen soll, müssen die Aussagen übertragen werden in unser nüchterneres, bildärmeres Weltbild. Die beiden folgenden Texte zeigen, wie dies geschehen kann.

39 Gerhard Lohfink
Was kommt nach dem Tod?

Vor einiger Zeit stieß ich auf ein Gedicht des Russen *Jewgenij Jewtuschenko,* das mich sehr ergriffen hat. (...) Es lautet:

Jeder hat seine eigene, geheime, persönliche Welt.
Es gibt in dieser Welt den besten Augenblick,
es gibt in dieser Welt die schrecklichste Stunde;
aber dies alles ist uns verborgen.
Und wenn ein Mensch stirbt,

dann stirbt mit ihm sein erster Schnee
und sein erster Kuß und sein erster Kampf...
all das nimmt er mit sich.

Was wissen wir über die Freunde, die Brüder,
was wissen wir schon von unseren Liebsten?
Und über unseren eigenen Vater
wissen wir, die wir alles wissen, nichts.

Die Menschen gehen fort...

Da gibt es keine Rückkehr.
Ihre geheimen Welten können nicht wiederentstehen.
Und jedesmal möchte ich von neuem
diese Unwiederbringlichkeit hinausschreien.

Jeder Mensch, sagt *Jewtuschenko,* ist eine Welt für sich, eine eigene, unverwechselbare Welt. In jedem Menschen leben die Erlebnisse und Erfahrungen seiner Vergangenheit. Tief in unserem Unbewußten ruht die Erfahrung unserer ersten Liebe, die Erfahrung des ersten Schmerzes, das Erlebnis des ersten Schnees. Und weil jeder seine ganz eigenen Erfahrungen hat, die nur *er* machen konnte und die nur *ihm* gehören, darum ist jeder Mensch ein unendlich kostbares und unbegreifliches Geheimnis. Gerade deshalb aber ist der Tod etwas Grauenhaftes. Wenn ein Mensch stirbt, dann stirbt mit ihm sein erster Kuß und sein erster Schnee, all sein Lieben und all sein Leiden, seine Freude und sein Schmerz. Wenn ein Mensch stirbt, dann geht jedesmal eine noch nie dagewesene und ganz persönliche Welt unter.
Ich finde, daß dieses Betroffensein von der unverwechselbaren und geheimnisvollen Welt, die zu jedem Menschen gehört, eine unbedingt notwendige Voraussetzung ist, um überhaupt begreifen zu können, was gemeint ist, wenn wir in unserem Glauben von der Auferstehung der Toten sprechen. Auferstehung heißt nämlich, daß der

ganze Mensch zu Gott gelangt, der ganze Mensch mit all seinen Erfahrungen und mit seiner ganzen Vergangenheit, mit seinem ersten Kuß und mit seinem ersten Schnee, mit all den Worten, die er gesprochen und mit all den Taten, die er getan hat. Dies alles ist doch unendlich mehr als eine abstrakte Seele – und deshalb ist es nicht vorstellbar, daß im Tod nur die Seele des Menschen vor Gott hintritt. Ich möchte deshalb als (...) Aussage formulieren:

Im Tod tritt der ganze Mensch mit »Leib und Seele«, das heißt mit seinem ganzen Leben, mit seiner persönlichen Welt und mit der ganzen unverwechselbaren Geschichte seines Lebens vor Gott hin.

Und nun müssen wir noch einen Schritt weitergehen. Es ist eine der grundlegenden Erkenntnisse der heutigen Anthropologie, daß der Mensch gar nicht zu sich selbst kommen kann ohne die Begegnung mit anderen Menschen. Existenz heißt in Begegnung leben. Existieren heißt andere erfahren. Nur wer als Kind von seinen Eltern Güte erfahren hat, vermag später selbst gütig zu sein. Nur wer viel geliebt worden ist, vermag später selbst zu lieben. Nur wer andere Menschen in ihrer Andersartigkeit erkannt hat, vermag sich selbst zu erkennen. Der Mensch wird nur wirklich Mensch in der Beziehung zu anderen, im Mitsein mit anderen, im gemeinsamen Erleben von Welt.

Ich hatte vorhin gesagt: Jeder Mensch hat seine eigene, persönliche Welt, und diese Welt nimmt er mit zu Gott. Ich muß nun hinzufügen: In diese eigene, persönliche Welt gehören auch die anderen Menschen, mit denen man zeit seines Lebens zu tun hatte. In diese Welt gehören die Mutter und der Vater, die Schwester und der Bruder, die Gattin und der Gatte, die Kinder, die Verwandten, die Freunde, diejenigen, für die man Verantwortung trug, und viele andere Menschen. Sie alle haben uns geprägt, sie alle gehören zur Geschichte unseres Lebens, sie alle sind ein Stück unseres Lebens geworden. Unser Menschsein ist gar nicht denkbar ohne die tausend Fäden, die uns mit den Menschen um uns verknüpfen.

Wenn es wahr ist, daß wir mit unserer ganzen Welt vor Gott hintreten, dann treten wir auch mit diesen Menschen vor Gott hin. Und wenn Sie nun bedenken, daß die Menschen, die mit *uns* verbunden sind, wiederum mit vielen anderen Menschen verbunden sind – und so immer weiter, dann werden Sie begreifen, daß man überhaupt nicht nur von der Begegnung des einzelnen Menschen mit Gott sprechen kann, sondern daß man zugleich immer auch von der Begegnung aller Menschen, ja von der Begegnung der ganzen Menschheit und der ganzen Geschichte mit Gott sprechen muß. Ich formuliere deshalb:

Mit unserer eigenen persönlichen Welt ist die übrige Welt und die gesamte Geschichte untrennbar verknüpft. Im Tod tritt deshalb zusammen mit uns selbst die gesamte übrige Geschichte vor Gott hin.

Auch dies hat die Kirche immer geglaubt, daß die ganze Menschheit vor Gott hintreten wird, daß Gott vor allen Menschen und vor der ganzen Geschichte erscheinen wird, daß er alle Menschen und die gesamte Geschichte richten wird und schließlich, daß wir nicht als einzelne am Leben Gottes Anteil haben, sondern in der Gemeinschaft der Heiligen. Allerdings verlegte die traditionelle Dogmatik diese Begegnung der gesamten Menschheit mit Gott auf einen Punkt am Ende der Welt. In dem Augenblick, wo ich damit ernst mache, daß im Tod der ganze Mensch vor Gott erscheint, und gleichzeitig begriffen habe, daß zu jedem Menschen sein Leib und damit ein ganzes Stück Welt gehört und daß in diese Welt viele andere Menschen hineingehören – in diesem Augenblick muß ich notwendigerweise annehmen, daß ich im Tod mit all den Menschen, die zu mir und meiner Welt gehören, ja daß ich mit der ganzen übrigen Menschheit vor Gott hintreten werde.

Aber wie soll das möglich sein? Ist das alles nicht absurd? Ich lebe, aber viele meiner Freunde sind schon tot. Wie sollen sie gleichzeitig mit mir zu Gott gelangen? Oder: ich sterbe, andere aber leben weiter. Wie sollen sie mit mir zusammen vor Gott hintreten? Oder: ich und die Menschen um mich herum sind gestorben. Die Weltgeschichte aber geht weiter. Jahrtausend um Jahrtausend. Wie soll all diese

Geschichte, wie sollen all diese Menschen mit mir zusammen im Tod vor dem Angesicht Gottes erscheinen? Ich denke, an dieser Stelle ist es nun unbedingt erforderlich, ein Wort zum Begriff der Zeit zu sagen.
Zeit erscheint uns ja als etwas überaus Reales. Die Zeit, in die unser Leben eingebettet ist, erscheint uns als etwas Ehernes und Unabänderliches. Wir leben in der Zeit, müssen uns ihr fügen und können sie nicht überspringen. Und doch ist Zeit viel unwirklicher und brüchiger, als es im ersten Augenblick scheinen möchte. Denn die Zeit ist ja kein Ding wie die anderen Dinge unserer Welt. Sie ist kein Ding an sich. Sie ist eine Anschauungsform unseres Bewußtseins. Sie ist ein Schema, in welchem wir die Dauer der Dinge erleben. Bereits in der Mikrophysik wird unser Zeitbegriff durchlöchert. Erst recht zeigen parapsychologische Phänomene die Relativität von Zeit. Gibt es jenseits unserer Welt noch Zeit? Wir setzen das oft als selbstverständlich voraus. Wer zwischen dem persönlichen Gericht nach dem Tod und dem letzten Gericht am Ende der Welt unterscheidet, setzt voraus, daß es im Jenseits Zeit gibt. Wer annimmt, daß die Läuterung des Menschen nach dem Tod eine bestimmte Zeit in Anspruch nimmt, setzt voraus, daß es im Jenseits Zeit gibt. Wer annimmt, daß die Seele des Menschen zunächst ohne Leib bei Gott ist und daß der Leib erst später hinzugefügt wird, setzt voraus, daß es im Jenseits Zeit gibt. Wer annimmt, daß die Menschen, die tausend Jahre später als wir auf Erden leben werden, auch erst tausend Jahre später als wir vor Gott erscheinen werden, setzt voraus, daß es im Jenseits Zeit gibt. In Wirklichkeit ist jedoch die Zeit genauso eine Funktion unserer irdischen Welt wie der Raum. Raum und Zeit sind Anschauungsformen, in denen wir irdische Wirklichkeit erleben. Sie stehen und fallen mit der Erfahrung dieser unserer Welt. In der Welt Gottes gibt es nicht mehr unseren Raum – und genausowenig unsere Zeit.
Das heißt aber, daß der Mensch in *dem* Augenblick, da er stirbt und in die Welt Gottes eintritt, nicht mehr in der Zeit, sondern jenseits aller irdischen Zeit existiert. Mit seiner irdischen Zeit hat er dann nur noch insofern zu tun, als alle Momente der Existenz, die er gelebt hat, in seine Existenz bei Gott hineingezeitigt sind. Seine neue Existenz bei Gott ist die Summe und die Frucht all seiner irdischen Zeit – freilich von Gott verklärt und erhöht, aber sie ist nicht mehr selber in der Zeit.
Wenn diese Überlegungen richtig sind, dann kann nicht mehr gesagt werden, ein bestimmter Mensch wäre eher bei Gott als ein anderer. Denn das würde ja voraussetzen, daß es im Jenseits irdische Zeit gibt, daß dort Tage, Monate und Jahre vergehen wie in unserer Welt. Wir müssen vielmehr sagen: Wenn es bei Gott keine irdische Zeit mehr gibt, dann begegnen alle Menschen, selbst wenn sie zu ganz verschiedenen Zeiten gestorben sind, Gott zur »gleichen Zeit«, nämlich in dem einzigen und doch ewigen »Augenblick« der Ewigkeit. Wenn es bei Gott keine irdische Zeit mehr gibt, dann ist in dem Augenblick, da ich sterbe, die Geschichte schon abgelaufen, dann fällt meine Begegnung mit Gott in eins mit der Begegnung der ganzen Menschheit mit Gott. Wenn es bei Gott keine irdische Zeit mehr gibt, dann ist mein Tod bereits der Jüngste Tag, und dann ist in meinem Tod die Auferstehung des Fleisches bereits gekommen. Man kann es auch so formulieren: Indem ein Mensch stirbt und eben damit die Zeit hinter sich läßt, gelangt er an einen »Punkt«, an dem die gesamte übrige Geschichte »gleichzeitig« mit ihm an ihr Ende kommt, mag diese Geschichte auch »inzwischen« in der Dimension irdischer Zeit noch unendlich weite Wegstrecken zurückgelegt haben.
Sie werden nun verstehen, warum ich mit einer solchen Zuversicht davon ausgehe, daß nicht nur meine Seele Gott begegnet, sondern meine ganze Existenz und mit dieser zusammen die ganze Menschheit. Sie werden nun aber auch verstehen, daß damit die letzten Dinge der Welt, die in der traditionellen Dogmatik so weit entfernt liegen, daß sie niemanden sonderlich beeindrucken, eine unheimliche Nähe und Aktualität gewinnen. Das Ende der Welt steht für mich nahe vor der Tür. Die Stunde des Gerichts ist nicht mehr fern. Wir alle leben in der letzten Zeit, im Angesicht des Endes. [Nächster] Satz:

Im Tod versinkt alle Zeit. Deshalb erlebt der Mensch im Durchschreiten des Todes nicht nur seine eigene Vollendung, sondern zugleich die Vollendung der Welt.

Ich komme zu einem letzten Punkt – und dieser Punkt ist, genau genommen, der wichtigste. Bisher war ja immer nur von Gott und vom Menschen die Rede, aber noch nie von Christus. Das heißt aber: die eigentlich *christliche* Dimension von Tod und Ewigkeit ist bisher noch gar nicht zu Wort gebracht. Es ist höchste Zeit, dies nun mit aller Deutlichkeit zu tun.
Wenn das Neue Testament vom ewigen Leben spricht, von dem, was an uns im Tod und am Ende der Welt geschieht, spricht es ja niemals nur von Gott, sondern immer auch von Jesus Christus. Und dasselbe tut die gesamte christliche Tradition. All das, was ich bisher von der endgültigen Begegnung des Menschen mit Gott gesagt habe, wird im Neuen Testament in gleicher Weise als Begegnung mit Christus ausgesagt. Unser Tod ist die große, endgültige Begegnung mit Christus, er wird vor uns erscheinen, er wird uns zum Richter und Retter, er wird unseren armseligen Leib verwandeln in die Gestalt seines verklärten Leibes, er wird die Welt richten, er wird ewiges Leben zusprechen – all das sagt das Neue Testament von Jesus Christus.
Dieses Nebeneinander von Gott und Jesus Christus in den Endereignissen kann nun freilich so nicht stehenbleiben. Wenn wir genau sind, müssen wir sagen: Wir werden Gott *in* Jesus Christus begegnen. In ihm wird Gott vor uns aufleuchten. In seinem Angesicht werden wir das Angesicht Gottes schauen. In der Begegnung mit ihm werden wir das Gericht Gottes erfahren. In ihm wird uns Gott sein Erbarmen zusprechen. In ihm werden wir das ewige Leben Gottes finden. Mit einem Satz:

Unsere endgültige Begegnung mit Gott geschieht in Jesus Christus.

40 Gisbert Greshake
Hoffnungsbilder des Glaubens

Woraufhin sind die Hoffnungsbilder des christlichen Glaubens, die von einer letzten erfüllenden Zukunft künden, zu lesen?
Sie sind nicht – wie in der älteren Theologie – als Informationen über künftige dinghafte Vorgänge (Weltuntergang) oder Räume (Himmel, Hölle) zu interpretieren, sondern sind – da sie dem Glauben an den personalen Gott entspringen – selbst strikt »personal« zu verstehen. Das heißt: Nicht auf dies und das, was eintritt oder sein wird, hofft der christliche Glaube, sondern er baut auf eine Person, auf endgültige Gemeinschaft mit ihr, nämlich mit Gott. (...). Pointiert läßt sich sagen: Der Hoffende hofft nicht auf den Himmel als eine selige Welt, sondern er hofft auf Gott, der als Gewonnener und Erreichter der Himmel ist, nämlich die Erfüllung aller Sehnsüchte des Menschen nach personaler Kommunikation, Liebe und Vollendung. Oder: Der Glaubende hat keine Furcht vor der Hölle, sondern er fürchtet sich, Gott zu verfehlen; eben das ist die Hölle. Der Hoffende erwartet auch nicht ein Gericht im Sinne einer großen dramatischen Endszenerie, sondern weiß, daß er vor Gott sich und sein Leben zu verantworten hat und daß diese Verantwortung für ihn, der immer schuldig geworden ist und schuldig wird, etwas Beklemmendes und Angstvolles ist. In diesem Sinne erwartet der Hoffende nicht Gericht und Fegfeuer im Sinne eines Endereignisses oder Aufenthaltsraumes, sondern in Begegnung mit dem richtenden Gott, die zugleich reinigt und läutert. In diesem Sinne ist die personale Begegnung mit Gott Gericht und Fegfeuer. Oder: Der Hoffende weiß nichts von einem künftigen, endzeitlichen kosmischen Spektakel, er braucht sich nicht auszumalen, was und wie es geschieht, sondern er baut

darauf, daß dann, wenn alles Geschaffene in der Welt am Ende ist, Gott auf ihn und er auf Gott zukommt. Eben das meint das Bild von der endzeitlichen Ankunft Gottes in dieser Welt.

41 Schülermeinungen
Die Hölle

Teufel als Wasserspeier
Notre-Dame, Paris, 13. Jhdt.

Ich denke mir, daß in die Hölle die bösen Menschen hinein kommen. Ich glaube, daß dort der Teufel ist und daß die Hölle unter der Erde ist. Dort muß es wohl heiß sein. Die bösen Menschen müssen schwitzen und ihre Taten auf Erden einbüßen. Die Hölle ist ein riesiger Saal, in den wohl Trillionen von Menschen hineinpassen. In der Mitte ist ein großes Feuer und viele viele Teufel. Ein ganz großer ist auch da. Das ist der Oberteufel. Die anderen seine Diener. In dem Feuer sind die ganzen Menschen, die auf Erden die Mörder und Diebe waren. Die spießen die kleineren Teufel auf und braten sie. Dann ißt der Oberteufel sie mit Haut und Haaren. So geht das immer weiter.

Katrin, 8 Jahre

Früher stellte man sich das Leben nach dem Tode entweder im schönen paradiesischen Himmel oder in der grausamen, bestrafenden Hölle vor. Es sollte also eine Belohnung oder eine Bestrafung nach dem Tod für das geführte Leben geben. Aber ist die Hölle ein Privileg des Todes? Kann sie nicht schon im Leben auftreten? Ich denke dabei an Haß, Ausbeutung, Vorurteile, Neid, Mißgunst und an Kriege, so z. B. in Nordirland, Vietnam oder Israel. Unschuldige Menschen werden getötet, verletzt und herabgesetzt. Kann man es also noch als Bestrafung ansehen, wenn ganze Nationen darunter leiden? Ich sehe die Hölle vielmehr als einen vom Menschen selbst geschaffenen, sich selbst zerstörenden und quälenden Zustand an. Von einigen egoistischen Menschen wird diese »Hölle« angezettelt und durch Zwang oder Aggressionen der anderen fortgesetzt. Ich glaube aber, daß die Menschen niemals in der Lage sein werden, die »Hölle« abzuschaffen.

Heidrun, 13 Jahre

42 Lothar Hans Schreiber
Bericht über eine Kindesmißhandlung

Gerichte sind oft die letzte Instanz für unbewältigte Konflikte und Schicksale. Kriminalität erscheint dabei häufig als Ergebnis eines Lebens, dem es an Geborgenheit, Erfüllung und Rollensicherheit fehlte. So betrachtet hat ein Teil der Verbrechen ihre Ursache in der Unfähigkeit zu lieben. Wenn »Himmel« aber die Liebe ist, beginnt dann bei ihrem Fehlen nicht die Hölle?

Die Täterin, eine sehr nervöse 28jährige durchschnittlich begabte Frau, stammt aus äußerlich geordneten Verhältnissen. Ihr Vater, ein Volksschullehrer, ist mit ihrer Mutter in zweiter Ehe verheiratet. Als die Täterin zufällig die Hintergründe der Scheidung der ersten Ehe erfuhr, erlitt sie einen Schock. Das vertrauensvolle

Verhältnis zum Vater wurde unterbrochen. Sie verließ das Elternhaus und war in verschiedenen Berufen tätig. Mit 22 Jahren brachte sie unehelich einen Sohn und ein Jahr später eine Tochter zur Welt. Den Kindesvater heiratete sie nicht. Der Junge kam zu Pflegeeltern, die Tochter nahmen die Eltern der Täterin. Kurz darauf heiratete die Täterin einen anderen Mann, mit dem es bald zu tätlichen Ehestreitigkeiten kam, in deren Verlauf sie ihrem Mann mit einer Flasche auf den Kopf schlug. Fünf Jahre nach der Geburt des Sohnes M. nahm die Täterin und ihr Ehemann diesen in ihren Haushalt auf. M. war ein altersmäßig entwickeltes, lebhaftes, aufgewecktes, wißbegieriges und liebenswertes Kind. Es kam zu Anpassungsschwierigkeiten, die aber überwunden wurden. Bei ihrer Erziehung stützte sich die Täterin auf Bibelsprüche, wie etwa die folgenden: »Gott sagt, ich überführe und züchtige soviel ich liebe!« »Wer seine Rute schont, hasset seinen Sohn.« Diese Sprüche rührten aus einer Missionschrift mit dem Titel »Lausbuben unter Denkmalschutz« her. In dieser Schrift wurde ausdrücklich darauf hingewiesen, daß die heutige Tendenz, Kinder nicht zu züchtigen, falsch und mit der Bibel nicht vereinbar sei. Die Täterin nahm diese Aufforderung wörtlich und begann M. bald nach seiner Ankunft aus nichtigen Gründen zu schlagen. Trotz Ermahnungen ihres Ehemannes benutzte sie dabei Kochlöffel und andere Gegenstände. (...)
Aus dem ehemals aufgeweckten, lebhaften Kind war als Folge der Mißhandlungen ein verschüchterter und verängstigter Junge geworden, der nur dann auflebte und zugänglich wurde, wenn seine Mutter nicht zugegen war. (...)
Eines Morgens, als sie mit dem Kind allein war, fiel ihr auf, daß M., der auf einer Liege sitzend mit Bauklötzen spielen sollte, das Spielzeug regungslos anschaute. Sie fragte den Jungen, warum er denn nicht spiele, bekam jedoch hierauf keine Antwort. Sie fragte ihn nochmals und erhielt jetzt von M. dem Sinne nach als Entgegnung, daß er sich »Sorgen mache«. Sie erkundigte sich daraufhin nach dem Grund der Sorgen, ob es ihm denn nicht bei seinen Eltern gefalle und ob er lieber wieder zu seinen Pflegeeltern wollte. Zunächst gab M. auch hierauf keine Antwort, sondern sah seine Mutter nur an. Auf ihre erneute Frage, ob er seine Eltern denn nicht lieb habe, erwiderte M., doch er habe seine Eltern lieb. Der Täterin schien jedoch die Antwort nicht überzeugend genug gegeben worden zu sein. Nach ihrer Ansicht legte der Junge überhaupt ein »gezwungenes« Verhalten an den Tag, woraus sie schloß, daß er »bockig« war und sie nicht mochte. Um M. gefügig und zugänglich zu machen, wollte sie ihn nun züchtigen. Sie ging in die Küche, holte einen Schrubber und forderte M. auf, sich mit dem Bauch auf eine Liege zu legen, um Schläge zu empfangen. Das Kind kam dem Verlangen nach, drehte sich jedoch nicht ganz herum, sondern nur auf die Seite und deckte mit den Händen schützend Gesäß und Rücken ab. Die Täterin schlug nun mindestens vier- bis fünfmal heftig mit dem Schrubberstiel auf den Jungen ein. M. ließ sich danach auf den Boden fallen und sah seine Mutter, wie sie sagte »haßerfüllt« an. Deswegen und weil M. zu seinem Schutz ihr die Beine entgegengestreckt und gestrampelt hatte, war sie verärgert und empört und begann nunmehr auf alle Körperteile des am Boden liegenden Kindes wahllos weiter mit dem Schrubberstiel einzuschlagen. In der darauffolgenden Zeit, die mindestens eine Stunde betrug, wurde M. von der Täterin abwechselnd mit dem Schrubberstiel heftig geschlagen und mit verschiedenen Griffkombinationen mehrfach am Hals gewürgt. Die Wucht der Schläge war hierbei so groß, daß der Schrubberstiel mindestens zweimal zerbrach. Gegen Ende der Tätlichkeiten gab die Täterin darüber hinaus mit einem Teil des abgebrochenen Schrubberstiels, und zwar mit der vielgezackten und von scharfen Spitzen übersäten Bruchfläche voran, mindestens 16 gezielte, mit großer Wucht geführte Stöße auf die Herzgegend des Kindes ab. Diese Mißhandlungen bereiteten M. erhebliche Schmerzen und Qualen. Er hatte Todesangst. Im Laufe der Tätlichkeiten äußerte er: »Mama, ich glaube, ich muß sterben!«, worauf die Täterin erwiderte: »So schnell stirbt man nicht!« und mit ihren Tätlichkeiten fortfuhr. M. versuchte dabei, sich den Mißhandlungen zu entziehen und die Schläge der Mutter abzuwehren, indem er schützend die Hände vor sich hielt und mit den Beinen strampelte. Er versuchte auch davonzulaufen. Es gelang ihm aber nicht. Die Täterin gab während des Geschehens dem wimmernden

und jammernden Kind immer wieder Befehle und Anweisungen. So forderte sie ihn auf, er solle sich aufsetzen oder hinstellen oder sich ausziehen. M. versuchte bis zum Schluß, ihren Anweisungen nachzukommen. Als er auf ihr Verlangen, sich auszuziehen, ihr seinen zerschlagenen linken Arm entgegenstreckte und kundgab, das nicht zu vermögen, hieß ihn die Täterin, es mit der rechten Hand zu versuchen. Nach den letzten Tätlichkeiten trug die Täterin den inzwischen ohnmächtig gewordenen Jungen vom Zimmer in die Küche, um dort das Blut von ihm abzuwaschen. Da ihr das Kind zu schwer wurde, legte sie es in einen Karton und zog es von der Küche über den Flur in das Kinderzimmer. Dort wollte sie es auf das Bett hinlegen. Um das Bett vor Verunreinigungen zu schützen, steckte sie den Jungen in einen Plastikbeutel. Anschließend versuchte sie, einen Teil der Spuren zu beseitigen. Der Junge erlitt während dieser mindestens eine Stunde dauernden Tätlichkeiten über den ganzen Körper verteilt etwa 130 oberflächliche und tiefgreifende, zum Teil schwere und schwerste äußere Verletzungen. Im einzelnen erlitt der Junge insbesondere zahlreiche Haut- und Unterhautblutungen am Kopf, im Gesicht, am Rumpf sowie über den Armen und Beinen, wo sich auch besonders zahlreiche, unterschiedlich geformte Prellungen und Wunden befanden, striemenartige Verletzungen über dem Rücken, mindestens 26 Würgespuren am Hals mit Blutungen in der Muskulatur und in der Schilddrüse, Blutungen unter der harten Hirnhaut, Hautdurchtrennungen im Gesicht, zum Teil bis auf den Knochen, über der Brust und über der Vorderseite der Unterschenkel, eine Quetschung des Herzens mit Zerreißung der Herzkammertrennwand, eine Zerreißung des rechten Leberlappens, Blutungen in die Muskulatur der unteren rückwärtigen Bauchhöhlenpartie sowie unter dem Lungenfeld. Durch diese Verletzungen war der Tod des Kindes eingetreten.

43

Arno Schilson
Was ist der Himmel?

Selbst wenn wir alle kindlichen, zum Teil sogar kindischen Vorstellungen abtun, so hat sich eines in unserem Bewußtsein tief festgesetzt: Die Welt des Himmels ist nicht nur die Welt Gottes, sondern auch seiner Engel; wer um Gott sein will, der wird darum engelgleich existieren müssen. So aber sehen wir uns in der himmlischen Welt eher als Engel denn als Menschen, also als Geistwesen, die ihren hinderlichen Leib abgelegt und zurückgelassen haben. Doch gerade das erscheint uns heute alles andere als annehmbar. Freilich, unser Leib ist anfällig gegen Krankheit und Verletzung. Weil wir im Leib existieren, werden wir uns im Alter beschwerlich, erfahren wir dieses Leben als Last. Unser leibliches Dasein bindet uns an den Ort und an die Zeit, wo wir nun einmal leben. Unser Leib ist beschränkt, und keiner kann sich vollendet schön nennen. Dennoch: Wir schätzen und lieben uns in unserem Leib. Mit Franziskus von Assisi, wenn auch mit anderen Worten, empfinden und bezeichnen wir ihn als den »Bruder Leib«. Wir begegnen einander als Menschen im Leib, wir freuen uns an seiner mehr oder weniger schönen Gestalt, und wir mögen uns selbst und die anderen gerade so, wie sie gewachsen sind. Der Leib ist nicht etwas Äußerliches, sondern uns zugehörig. Ohne Leib sind wir nicht mehr wir selbst. Dann aber kann ein engel-gleiches Dasein im Himmel keineswegs verlockend sein. Auf eine solche Zukunft möchten wir lieber verzichten.

Ewige Langeweile?
Noch bedrückender ist eine zweite Vorstellung, die wir gewöhnlich mit dem Himmel verbinden: seine Ewigkeit. Ewigkeit denken wir Menschen meist als Verlängerung unseres Zeiterlebnisses. Dann aber scheint uns tödliche Langeweile zu drohen.

Wenn der Wechsel der Zeit aufhört, wenn die Veränderung nicht mehr gegeben ist, wenn die Zeit stillsteht, dann wird es uns langweilig und ödet uns alles an. Wir kennen uns gut genug. Wir Menschen brauchen die Abwechslung. Selbst dort, wo wir ganz bei der Sache sind, wo wir fasziniert sind, verliert sich das Interesse nach einiger Zeit. Wir schauen uns nach neuem, anderem um. Immer dasselbe tun würde uns das Leben gründlich verleiden. Verbindet sich dann mit dieser Vorstellung der Ewigkeit noch die andere, daß unsere einzige Beschäftigung im Himmel darin bestehen wird, Gott das Loblied zu singen, so wird auch damit Problematisches angerührt. Gerade hier verfügt jeder schließlich über Erfahrungen: wie leidvoll lange schon der irdische Gottes-Dienst dauern kann! Dann aber wird die Ewigkeit des Himmels, von der wir sonst in so volltönenden Worten reden, für uns kaum noch verlockend. Auf eine solche Ewigkeit möchten wir lieber verzichten.

»Himmel auf Erden«

Was also ist der Himmel? Auf diese Frage wird man nicht unmittelbar theologisch antworten dürfen. Man tut gut daran, von sprachlichen Beobachtungen auszugehen. Oft genug bewahrt unsere Sprache Erfahrungen auf, die keiner ungestraft überspringen kann. Mit einer erstaunlichen Selbstverständlichkeit bezeichnen Menschen Augenblicke ihres Lebens als »Himmel«. Sie äußern sich dann so: »Das ist, das war für mich der Himmel!« Oder: »Ich fühle mich wie im Himmel!«

Was ist mit solchen Äußerungen gemeint? Offenbar ein Glück, das sich nicht exakt in Worte fassen läßt und auf den Begriff zu bringen ist. Der Zustand einer vollkommenen Zufriedenheit, eines gelösten Einsseins mit sich, mit den anderen, mit der ganzen Welt; eine Situation auch, die für mich selbst letztlich unbegreiflich bleibt. Wer sagt, er fühle sich wie im Himmel, der will damit andeuten, daß er vollendet glücklich ist, sich »selig« fühlt. Gerade in solchen Augenblicken greifen Menschen zum Bildwort des Himmels. Auch hier seien zwei Gesichtspunkte herausgegriffen.

Offenbar ist trotz aller Probleme und Schwierigkeiten, die wir mit dem Himmel haben, dieser keineswegs so fremd und fern, wie es zunächst scheinen mochte. Momenthaft erfahren Menschen den Himmel. Er blitzt auf für einen kurzen Augenblick, ohne daß man ihn festhalten könnte. Dabei ist der Anlaß zu solcher Erfahrung des Himmels keineswegs einsinnig; vielmehr gibt es mehr als tausend Gesichter eines solchen Himmels, eines solchen übergroßen Glückes, das immer neue Gestalten annehmen kann. Die Zusage einer Lehrstelle in der gegenwärtigen schwierigen Situation – einer Prüfung, auf die man sich lange vorbereitet und die man mit Erfolg bestanden hat –, eine Landschaft, die einen in ihrer Schönheit überwältigt – ein Musikstück oder ein Kunstwerk, vor dem man ergriffen steht –, das erste Kind in den Armen der Eltern – das Erleben wahrer Liebe und Geborgenheit unter den Menschen: das alles ist für uns »Himmel«.

Und dennoch, gerade weil es so viele Gestalten und Gesichter des Himmels für uns auf Erden gibt, ist es nie der ganze Himmel, den wir erleben und erfahren dürfen. Er entzieht sich uns. Nur in immer neuen Anläufen und sich wechselseitig ergänzenden Bildern können wir jenes noch größere und vor allem dauerhafte Glück andeuten, das gerade nie in dürftigen Worten auszusprechen ist. Den Himmel auf einen Begriff bringen, das ist schon in unserer Sprache nicht mehr möglich; wir können ihn ahnen und andeuten, wir können Situationen benennen und dann sagen: »Das ist, *wie* wenn ich im Himmel wäre!«

Doch nicht nur die Vielgestaltigkeit und Bildhaftigkeit unserer Vorahnung vom Himmel ist in solchen sprachlichen Äußerungen enthalten. Noch ein zweites, wichtigeres Moment ist festzuhalten: Es gibt so etwas wie den »Himmel auf Erden«, und es wäre falsch, solche Erfahrungen einfach zu überspringen. Der Himmel ist nicht schlechthin Zukunft. Darum sind Theologie und Verkündigung dann am schlechtesten belehrt, wenn sie das irdische Leben nur von seinen negativen Seiten her betrachten und den Menschen die Augen verschließen für die Erfahrung des Himmels auf Erden!

Offenbar liegt ja der Himmel nicht einfach quer zu diesem Leben, sondern wirft sein

Licht hier auf die Erde voraus. Nur wer so etwas erfahren hat, wird sich auch nach dem größeren und dauerhafteren Glück ausstrecken können. So aber bleibt es Auftrag der Christen, solche Erfahrungen des Glücks, solche Vorerfahrungen des Himmels möglichst vielen Menschen bereits zu vermitteln. Wo das nicht geschieht, geht die Rede vom Himmel der Christen ins Leere, wird sie zum billigen Trost, der sich christlicher Verantwortung für diese Welt verweigert.

Damit sind die Bedenken des Anfangs zum Teil ausgeräumt: der Himmel hat viel, ja alles mit dieser Erde zu tun. Vom Himmel kann in der rechten Weise nur reden, der dieses Leben und diese Welt liebt und sehr bewußt lebt. Weltverachtung kann kaum die Grundhaltung eines Christen sein, der in dieser Welt auf den Himmel hofft und davon in seinem Leben Zeugnis ablegt.

Doch all das sind nur Anwege und erste Hinweise zum Verstehen. Was jener Himmel ist, auf den wir Christen mit allen Menschen hoffen dürfen, das kann uns letztlich keine Erfahrung sagen. Wir werden es uns vielmehr sagen lassen müssen von Gott, und wiederum auf verschlüsselte, bildhafte Weise. So und nicht anders redet die Schrift vom Himmel.

Der Himmel – erfüllte Liebesgemeinschaft

Greifen wir aus der Fülle der Bilder, in denen die Schrift die Vollendung vor Augen stellt, nur zwei heraus, deren Wirklichkeitsgehalt unserer Erfahrung am ehesten zugänglich erscheint: Das Bild von der *Mahlgemeinschaft* (vgl. Mt 22,1ff.) und das andere von der *Stadt Gottes* (Offb 21,1ff.). Beide Male steht eine vollendete Gemeinschaft im Mittelpunkt des Bildes. Himmel bedeutet offenbar nicht ein einsames Glück für den Menschen, sondern ein Glück, das im Zusammensein mit anderen gipfelt und gründet: In der Gemeinschaft mit Gott und den Mitmenschen. Beides gehört eng zusammen.

Das große Halleluja
Aus dem Perikopenbuch Heinrich II.
(»Bamberger Apokalypse«)
Reichenau, Anfang 11. Jhdt.

Beide Male erscheint *Gott selbst* als der Stifter und Begründer einer solchen neuen Gemeinschaft. Er ist und bleibt der Gastgeber des Hochzeitsmahles, der höchsten Festgemeinschaft von Menschen im Orient; ohne ihn findet dieses Mahl und dieses Fest nicht statt. Nicht anders steht es mit dem Zelt Gottes unter den Menschen, mit jener neuen Stadt, als deren Begründer und Stifter Gott selbst erscheint. Seine alles Leid überwindende Gegenwart in dieser Stadt macht diese zu einer Stätte vollkommenen Glücks. Himmel, das bedeutet also zunächst Gemeinschaft mit Gott. Ohne ihn gibt es keinen Himmel: Er lädt ein (zum Hochzeitsmahl), er selbst stiftet die neue Stadt. Gott selbst ist und bleibt darum tiefster und letzter Grund jenes Glückes, das in diesen Bildern angedeutet ist. Doch untrennbar dazu gehört die Gemeinschaft mit den Mitmenschen. Auch diese wird von Gott neu gestiftet: Durch seine Einladung werden Menschen verschiedenster Herkunft zum Mahl zusammengeführt; unbeschwert, gelöst und festlich feiern sie nichts anderes als die Gemeinschaft miteinander, die von Gott selbst her begründet und durch ihn festgemacht ist. Alle Unterschiede und aller Streit sind begraben. Nur eines hat Gültigkeit: Das Volk Gottes, das in dieser Stadt wohnt, von Gott her untereinander geeint und einig in Gemeinschaft.

Die Heilige Schrift nennt in solchen Bildern nicht irgendwelche Dinge, die den Menschen erfüllen, sondern sie spricht vom Verhältnis zu Gott und den Menschen, das endgültig in Ordnung gebracht ist. Doch gerade an diesem Punkt wird neue Skepsis wach werden. Ist ein solcher Himmel eine verlockende Zukunft? Ein letztes Mal wird hier die Erfahrung zu befragen sein: Wo finden wir Menschen unser höchstes Glück, wo erleben wir unseren tiefsten Schmerz, unser letztes Unvermögen und Ungenügen? Nur vordergründig scheint das dort zu sein, wo wir Reichtum, Besitz, Leistung und Erfolg betrachten. Wirkliche Tiefe und Dauerhaftigkeit aber haben solche Erfahrungen erst dort, wo personale Beziehungen ins Spiel kommen. Unser höchstes Glück ist und bleibt, daß wir von anderen geliebt werden und daß wir andere lieben dürfen. Unser Glück ist es, daß wir Frieden haben mit Gott und den Menschen.

Nicht anders steht es mit unserem Schmerz: Wir erleben ihn als das Ungenügen im Miteinander mit anderen, als Haß, Neid, Egoismus und als die ständig neue

Erfahrung, daß wir uns anderen gegenüber und diese sich uns gegenüber verschließen. Am meisten bedrückt und betroffen sind wir davon, daß in unseren personalen Beziehungen zu anderen nicht das ungetrübte Glück eines Himmels auf Erden, eine vollendete Gemeinschaft herrscht, sondern daß eher – wie wir im treffenden Wort sagen – hier die Hölle los ist, losgelassen durch uns und durch andere. Gerade angesichts dieser Situation aber strecken wir bewußt oder unbewußt die Hände aus danach, daß diese immer neu gestörten Beziehungen einmal in Ordnung sein werden, daß ein Zustand heraufgeführt wird, in dem jeder den anderen achtet, ehrt und liebt. Genau das ist der Himmel, den wir hier auf Erden vermissen.
Langeweile kommt schon hier in diesem Leben dort am wenigsten auf, wo Liebe herrscht, wo wir selbst angenommen und geachtet, geschätzt und geliebt sind, wo wir selbst anderen Menschen so begegnen dürfen. In solcher Situation empfinden wir Glück, wir zählen kaum noch die Tage, die Wochen und die Jahre. Mehr noch: Wo die Liebe ihr Fest feiert, da sind Zeit und Stunde vergessen, gibt es erfüllte Ewigkeit: Das Kind, das sich in den Armen der Mutter birgt, vergißt das, was vorher war und was nachher sein wird; man sagt, es ist »selig«. Auch die Umarmung der Liebenden hat jene Erfahrung zum Inhalt, daß sich der eine beim anderen aufgehoben wissen darf; den Liebenden schlägt tatsächlich keine Stunde. Es wäre töricht, angesichts solcher Erfahrungen die Langeweile der Ewigkeit zu befürchten. Je mehr der Himmel als vollendete Gemeinschaft mit Gott und den Menschen vorgestellt wird, je mehr wir unsere eigenen Erfahrungen von halbwegs geglückter Gemeinschaft auf Erden bedenken, um so eher wird gerade diese Sorge wegfallen.
Auch die andere Frage, ob wir im Himmel als reine Geistwesen existieren und unseren Leib hinter uns lassen, wird in diesem Rahmen bedeutunglos werden. Von unserem leiblichen Dasein sind gerade hier die Beziehungen zu anderen bestimmt und geprägt. Der Blick unserer Augen, das Wort unserer Lippen, das Hinhören unseres Ohres und die ausgestreckte Hand zum anderen sind aus der menschlichen Gemeinschaft nicht wegzudenken. Auch unsere Beziehung zu Gott ist letztlich leiblich vermittelt; wir begegnen ihm in leibhaftigen Gesten und bringen so unsere Gemeinschaft mit ihm zum Ausdruck. Auf diesem Hintergrund wäre es paradox, den Leib des Menschen von der Vollendung auszuschließen, gerade, wenn diese im Bild vollendeter Gemeinschaft betrachtet wird.
Noch einmal stellt sich am Ende dieses Denkweges die Frage, ob ein so verstandener Himmel für uns tatsächlich eine verlockende Zukunft werden kann. Anders gefragt: Ist es uns gelungen, das Fragezeichen wegzuwischen und an seine Stelle wiederum ein Ausrufezeichen zu setzen? Wer die Bilder der Heiligen Schrift, die wir betrachtet haben, im Lichte seiner gegenwärtigen Erfahrungen liest, der wird das zumindest nicht ganz ausschließen können. Ob freilich dieser Himmel, die vollendete Liebesgemeinschaft mit Gott und unter den Menschen für jeden einzelnen eine wirkliche Erfüllung bedeutet, das wird sich letztlich entscheiden an der konkreten Art zu leben. Nur wer selbst immer wieder das Glück und das Versagen seiner Liebe zu Gott und den Menschen erlebt, nur wer selbst hier den Himmel der Liebe und die Hölle der Lieblosigkeit stets aufs neue erfährt, nur der wird sich sehnend ausstrecken nach jenem Himmel, in dem erfüllte Liebesgemeinschaft mit Gott und allen Menschen das erste und letzte Wort bleibt.

Anregungen und Arbeitsvorschläge

Erfahrungen des Todes (Einleitung)

1. Vergleichen Sie die beiden Aphorismen! Offensichtlich haben die Verfasser gegensätzliche Vorstellungen vom Tod. Charakterisieren Sie die unterschiedliche Sicht!
Mögliches Kurzreferat: Stellen Sie die Lebensauffassung des Epikur dar! Erklären Sie von diesem Hintergrund her den Aphorimus über den Tod!
2. Worin liegt der entscheidende Grund dafür, daß man den eigenen Tod nicht wahrhaben will?
3. Es wird gesagt, das moderne Bewußtsein habe keinen Platz für den Tod. Stellen Sie Erscheinungen und Erfahrungen zusammen, die den Tod aus unserem Erleben drängen könnten!

Zu Text 1
1. Stellen Sie in Stichworten zusammen, was über die Einstellung und das Verhalten der sterbenden Frau gesagt wird.
2. Wie ändert sich das Leben der Angehörigen durch das Sterben der Frau?
3. Vergleichen Sie diesen Text mit dem folgenden. Achten Sie dabei besonders auf die unterschiedlichen Erlebnisse und Erfahrungen.

Zu Text 2
1. Welche Ziele haben die medizinischen Maßnahmen, die im Text genannt werden?
2. Worin liegt die Problematik dieser Maßnahmen?
Mögliches Kurzreferat: Stellen Sie die Aufgaben einer Intensivstation dar und erörtern Sie die Frage, wie Sterbenden im Krankenhaus geholfen werden könnte!

Zu Text 3
1. Stellen Sie idealtypisch die Phasen des Sterbens nach diesem Text zusammen.
2. Diskutieren Sie angemessene Verhaltensweisen gegenüber Todkranken!

Zu Text 4
1. Lesen Sie die Relativsätze und beurteilen Sie die Wirkung der Verben.
2. Welche Bedeutung hat nach diesem Gedicht der Tod?
3. Was ergibt sich daraus für das Leben als Prozeß?

Zu Text 5
1. Das Gedicht nennt mehrere Momente, die »die Erde schön« machen. Versuchen Sie, diese Elemente nach Bereichen zu ordnen.
2. Durch welche sprachlichen Mittel wird die Zustimmung zum Leben ausgedrückt?
3. Vergleichen Sie dieses Gedicht mit dem vorhergehenden!

Zu Graphik 6
1. Zeigen Sie auf, welche Bildelemente im Kontrast zueinander stehen. Welche Wirkung haben diese Kontraste?
2. Welche Beziehungen stiftet der Titel des Bildes? (Die Frau wird als »Witwe« bezeichnet. Welche Assoziationen weckt das Motiv des Einsteigens in einen Zug?)

Zu Text 7
1. Welche Widersprüche kennzeichnen den Tod des Herrn K.?
2. Welche Sprachebenen benutzt der Text?
3. Eine Beerdigung ist keineswegs eine heitere Angelegenheit. – Woran liegt es nach Ihrer Meinung, daß in diesem Text eine Beerdigung satirisch dargestellt werden kann?

Zu Text 8
1. Stellen Sie zusammen, mit welchem Brauchtum der Tod umgeben ist!
2. Charakterisieren Sie die Beziehung zwischen dem Tod des einzelnen und dem Verhalten der Gemeinschaft!
3. Überlegen Sie: Welche Vorzüge hat diese Art, den Tod zu begehen?
4. Aus welchen Gründen sind Bestattungen in der hier geschilderten Form seltener geworden? Versuchen Sie, diesen Wandel zu bewerten.
5. Der kleine Sohn des Erzählers erlebt den »modernen Tod«. Stellen Sie die entscheidenden Unterschiede zwischen diesem und dem Tod des Onkels zusammen. Vergleichen Sie dabei auch die Reaktion des Kindes.

Zu Text 9
1. Auf welche Lebensauffassungen führen Sie die Gewohnheiten dieser Bestattung zurück?
2. Wie im Text 8 wird hier ein Versuch dargestellt, den Tod in das Leben der Gesellschaft einzubeziehen. Worin liegt der entscheidende Unterschied?
3. Welche Anzeichen deuten daraufhin, daß auch in Deutschland Bestattung und Trauer ihre ursprüngliche Bedeutung verloren haben?

Zu Text 10
Welche Wirkung beabsichtigt diese Todesanzeige?
Mögliches Referat: Werten Sie Todesanzeigen aus. – Prüfen Sie, welche sachlichen Angaben sie enthalten und welche Wirkungen sie beim Leser auslösen sollen. – Stellen Sie die Hinweise zusammen, die eine Deutung des Todes bzw. des Lebens geben.

Zu Text 11
1. Unterstreichen Sie die wörtlichen Reden und setzen Sie die Aussagen in Beziehung zueinander. Wie wird darin die Gestalt Jesu gedeutet?
2. Vergleichen Sie den Text mit Psalm 88 (Text 13) und Psalm 22.

Zu Text 12
1. Welche Haltung nimmt Sokrates in diesem Text angesichts des Todes ein?
2. Vergleichen Sie damit Situation und Haltung Jesu nach dem Markusevangelium. Vergleichen Sie die Texte 12 und 21.
3. Zeigen Sie auf, welche Beziehungen zwischen dem Tod Jesu und dem christlichen Menschenbild bestehen. Vergleichen Sie damit das platonisch-sokratische Menschenbild!

Zu Text 13
1. Stellen Sie die Metaphern zusammen, die Schicksal oder Aufenthaltsort der Toten ausdrücken.
2. Welche Vorstellungen vom Schicksal des Toten enthält der Text?
3. Vergleichen Sie diesen Text mit der Auffassung des Paulus (Text 29).

Zu Text 14
1. Stellen Sie die Bilder zusammen, die in diesem Text Rettung und Wiederherstellung ausdrücken.
2. Machen Sie mehrere Vorschläge, wie diese Bilder von der Belebung der Toten gedeutet werden können.
3. Welche Bedeutung hat Gott in diesem Text?

Zu Text 15
1. Lesen Sie im Glossar das Stichwort »Apokalyptik« und zeigen Sie apokalyptische Züge des Textes auf.
2. Welche Funktionen können Texte dieser Art haben? (Vergleichen Sie dazu die Einleitung.)

Zu Text 16
1. Welche Vorstellungen von dem »Leben nach dem Tod« weist der Text zurück?
2. Charakterisieren Sie die Schlußfolgerungen, durch die der Text das Geheimnis der Auferstehung verständlich machen will! Welche Denkmethode verwendet der Autor dabei?
3. Welche anderen Folgerungen könnte jemand aus der Erfahrung des Sterbens ziehen?

Zu Text 17
1. Arbeiten Sie aus 1 Kor 15 (Text 29) die Vorstellung des Paulus über die Auferstehung der Toten heraus. – Stellen Sie dar, in welchen heilsgeschichtlichen Rahmen die Auferstehung dort eingeordnet ist.
2. Wie interpretiert Chrysostomus die Auferstehung?

Zu Text 18
1. Was versteht Dorothee Sölle unter »Tod«?
2. Versuchen Sie zu umschreiben, was im Sinn des Textes als »Leben« gelten kann. – Welche Probleme, die der Tod aufwirft, werden vom Text nicht erwähnt?
Mögliches Referat: Leben und Tod sind auch Schlüsselbegriffe des Johannesevangeliums. Jesus wird an vielen Stellen als Träger und Spender des Lebens bezeichnet (1,4; 6,57; 14,19; 5,26 u.ö.). Stellen Sie Unterschiede in der Deutung des Begriffs »Leben« bei Johannes und bei D. Sölle heraus.

Zu Text 19
1. Deuten Sie die Pflanzenmetaphern des ersten und letzten Satzes!
2. Welche Haltung nimmt der rote Held dem Tod gegenüber ein?

Zu Text 20
1. Wie deutet der Autor den Tod?
2. Vergleichen Sie den Text mit Text 19 (E. Bloch)!

Zu Text 21
1. Stellen Sie die Eigenschaften, die der Seele zugesprochen werden, und die, die dem Körper zugeordnet sind, einander gegenüber! (Evtl. verschiedenfarbig unterstreichen.)
2. Wie wird der Tod in diesem Text gewertet?
3. Durch welche Stilmittel versucht der Text die Zustimmung des Lesers zu erreichen? Charakterisieren Sie insbesondere die Frageweise!

Zu Text 22
1. Durch welche bildhaften Elemente charakterisiert das Märchen ein Leben außerhalb der Zeit?
2. Warum mißlingt nach diesem Märchen der Versuch, ewig zu leben? Was fehlt dem Menschen?

Zu Text 23
1. Charakterisieren Sie die Methode, mit der der Verfasser sein Urteil begründet!
2. Für welche Personen ist die Antwort des Textes vermutlich unbefriedigend? (Was ist für den Text die Voraussetzung, damit der einzelne »Unsterblichkeit« erlangt?)
3. Aus welchen Gründen wirkt der Text überzeugend?

Zu Text 24
1. Welche Anhaltspunkte für ein »Darüberhinaussein« nennt der Text?
2. Suchen und diskutieren Sie weitere Erfahrungen, in denen menschliches Leben von einem »Darüberhinaussein« bestimmt scheint! (Ziehen Sie auch die Texte 26 und 28 heran.)
3. Vergleichen Sie mit Text 23.

Zu Text 25
1. Charakterisieren Sie die Argumentationsweise des Textes!
2. Fassen Sie in einer These die Antwort des Textes auf die Frage »Gibt es ein Leben nach dem Tod?« zusammen!

Zu Text 26
1. Welche Hinweise auf die Unsterblichkeit nennt der Text?
2. Vergleichen Sie mit Text 21. Worin liegen die Gemeinsamkeiten und die entscheidenden Unterschiede?
3. Welche Argumente könnte man gegen den Text vorbringen?
4. Vergleichen Sie mit Text 24! Worin liegt der grundlegende Unterschied?

Zu Text 27
1. Skizzieren Sie in einer Gliederung den Gedankengang des Textes!
2. Fassen Sie in einer These zusammen, wie nach diesem Text die christliche Vorstellung von der Unsterblichkeit lautet!
3. Welche Probleme bleiben bestehen, wenn man bedenkt, daß die Zeit keine dauerhafte Struktur ist, sondern nur eine Anschauungsform für unsere Wahrnehmung?

Zu Text 29
1. Wie begründet Paulus seinen Auferstehungsglauben? Untersuchen Sie die sprachliche Struktur der Verse 3b–5 und ziehen Sie daraus Rückschlüsse auf deren Überlieferung!
2. In welcher Rangfolge werden die Erscheinungsempfänger genannt? Ziehen Sie aus der Reihenfolge Rückschlüsse über den Sinn der Erscheinungen.
3. Stellen Sie aus 1 Kor 15,12–28 die Vorstellungen und Assoziationen zusammen, die Paulus mit Auferstehung bzw. Auferweckung verbindet! Rekonstruieren Sie den eschatologischen Horizont des Auferstehungsglaubens!
4. Zeigen Sie Entwicklungslinien vom alttestamentlichen Gottesbild und alttestamentlichen apokalyptischen Erwartungen zu Paulus auf! Wo ist er Erbe? Wo führt er Traditionen weiter?

Zu Text 30
1. Welche Aufgabe hat die Gestalt Jesu in diesem Text?
2. Wodurch werden die Jünger überzeugt, daß Jesus »lebt«?
3. Welche Aufgabe hat dieser Text in der Verkündigung der frühen Gemeinde vermutlich erfüllt?

Zu Text 31
1. Legen Sie die Deutung von Tod und Auferstehung bei Augustinus dar und vergewissern Sie sich des Bezugsrahmens, in dem diese Interpretation steht.
2. Vergleichen Sie die Deutung des Augustinus mit der des Korinterbriefs (Text 34) und stellen Sie die Unterschiede fest.

Zu Text 32
1. Inwiefern greift Rahner auf altes eschatologisches Erbe zurück? Vergleichen Sie Rahner mit 1 Kor 15 (Text 34).
2. Welche Begriffe des Textes klingen »modern«? Zeigen Sie auf, wie Rahner den Begriff »Auferstehung« mit heutigem Denken vermittelt.

Zu den Texten 33 und 34
1. Stellen Sie die Stilmittel zusammen, die die Gedichte kennzeichnen. Achten Sie vor allem auf den Rhythmus der Gedichte. Welches Lebensgefühl äußert sich in ihnen?
2. Wie erscheint im Zusammenhang des Textes 33 die Hoffnung auf Auferstehung?
3. Vergleichen Sie die beiden Gedichte.

Zu Text 35
1. Diesen Text stellt Mattäus an den Beginn des Wirkens Jesu. Welche Bedeutung gewinnen von da aus die Aufforderungen des Teufels?
2. »Die Macht des Bösen besteht darin, daß es den Menschen hindert, sich selbst zu wählen.« Zeigen Sie auf, wie der Text diese Entfremdung durch das Böse gestaltet (gemessen am Selbstverständnis Jesu in dieser Darstellung).

Zu Text 36
1. Versuchen Sie, den Maßstab des urteilenden Christus in einer These zusammenzufassen.
2. Welche Bedeutung hat in dieser Gerichtsszene die Gestalt Christi?
3. Welche Wirkung hat das Motiv des Gerichts für den Leser des Textes?

Zu Text 37
1. Welches Weltbild ist die Voraussetzung für diesen Text? (Welche Vorstellung vom Menschen? – Welche Vorstellungen von der Welt insgesamt?)
2. Welche Wirkung beabsichtigt der Text?

Zu Text 38
1. Welche Begriffe bestimmen den Text?
2. Vergleichen Sie diese Gerichtsdarstellung mit Text 41! Worin liegt die entscheidende Verschiebung?

Zu Text 39
1. Gliedern Sie den Text eines Vortrages. Vergleichen Sie ihn mit Text 23. – Welche Voraussetzungen führen den Verfasser zu einem anderen Ergebnis?

Zu Text 43
1. Welche Bedeutung haben nach diesem Text die Erfahrungen des Menschen »vor dem Tod«?
2. Charakterisieren Sie die Methode, mit der hier Glaubensaussagen erklärt werden.

Glossar

Apokalyptik [griech. *apokalypsis:* Aufdeckung, Enthüllung, Offenbarung]: Form von Offenbarungsschrifttum, in dem die geheimen Hintergründe und Triebkräfte der Geschichte aufgedeckt werden; insbesondere geht es um die künftige Vollendung der Geschichte durch das Einwirken Gottes.

Apokalypsen waren vom 2. vorchristlichen Jahrhundert bis zum Ende des 1. Jahrhunderts nach Christus im Judentum und im Christentum verbreitet. Ein spätes Zeugnis ist über das Neue Testament in der »Offenbarung des Johannes« auf uns gekommen. Angesichts der niederdrückenden Verhältnisse ihrer Gegenwart verkünden die Apokalyptiker in schwer deutbaren mythischen Bildern das baldige Ende der Welt und sehnen den Jüngsten Tag als den Tag des Gerichts Jahwes herbei.

Weltende, Weltgericht, Welterneuerung, Auferstehung der Toten, das »Reich Gottes«, das aus der Transzendenz auf die Erde hereinbricht und eine paradiesische Neugestaltung der menschlichen Gesellschaft mit sich bringt, gehören zu den durchgehenden Motiven apokalyptischen Denkens.

Dualismus [lat. *duo:* zwei]: Anschauung, daß die Welt auf zwei einander entgegengesetzten Prinzipien gegründet und durch sie strukturiert ist.

Solcher Dualismus wurde in verschiedener Hinsicht vertreten: Der metaphysische Dualismus Platons setzt der empirisch erfahrbaren Welt der Erscheinungen ein Reich der Ideen gegenüber. Dieses enthält die Urbilder der Erscheinungen, und deshalb kommt ihm als dem eigentlichen und ursprünglicheren Sein eine größere Wertigkeit zu. Auf der anthropologischen Ebene spiegelt sich der Dualismus im Gegensatz von Leib und Seele oder in dem von Geist und Materie. Im Ethischen entspricht dem der Antagonismus von Gut und Böse; in der Bildsprache der Religion erscheinen beide Bereiche häufig unter den Metaphern von Licht und Finsternis.

Verbreitet war dualistisches Denken in der altiranischen Religion und in hellenistisch-gnostischen Bewegungen. Aufgrund der Schöpfungstheologie steht das biblische Menschenbild einer derartigen Doppelung der Welt eher ablehnend gegenüber; dennoch gewann dualistisches Denken zeitweise Einfluß auf die spätjüdische Apokalyptik und die frühchristliche Glaubensentwicklung.

Die Ursprünge dualistischen Denkens sind nicht hinreichend deutlich. Die Bedrohtheit des Menschen durch Kräfte der Unordnung und des Bösen scheint aber eine durchgehende Erfahrung zu sein, die solches Denken begünstigt. Auch die idealistische Identifikation mit dem Guten führt oft zur radikalen Abwertung oder gar Verteufelung der Gegenposition.

Entmythologisierung: Die Bibel kennt Engel und Dämonen; sie erzählt von Wundern, die jenseitige Mächte gewirkt haben, oder führt auffällige Krankheiten auf die Besessenheit durch böse Geister zurück. Solche Vorstellungen stören oft das Verstehen biblischer Texte und machen es dem heutigen Leser schwer, in der Bibel Anregungen für Lebensdeutung und Gotteserfahrung zu finden.

Den Versuch, eine Brücke zwischen Bibel und heutigem Leser zu bauen, unternimmt der protestantische Theologe *Rudolf Bultmann* (1884–1976) mit der Forderung nach der Entmythologisierung biblischer Erzählungen. Seiner Auslegungsmethode liegen folgende Annahmen und Überlegungen zugrunde:

(1) Die Bibel setzt ein »mythisches«, d. h. vorwissenschaftliches Weltverständnis voraus, zu dem der heutige an Naturwissenschaft und Technik geschulte Leser kaum mehr einen Zugang findet.

(2) Deshalb muß der Theologe für ihn die Aussagen der Bibel »entmythologisieren«.

(3) Dies geschieht dadurch, daß er von den mythischen Vorstellungselementen absieht und die Gehalte der Bibel in Begriffen aussagt, die heutigem Existenzverständnis vertraut sind.

Dabei lassen sich im einzelnen folgende Vorentscheidungen und methodische Schritte unterscheiden: Die Bibel ist einzigartiges Dokument des Glaubens. Sie benutzt jedoch Erzählformen, die einem mythischen Weltbild entsprechen. Diese Glaubenserzählungen werden vom Selbstverständnis des heutigen Menschen her befragt (»Vorverständnis«). Dabei kann sich die Bibel als klärende, bestätigende oder korrigierende Instanz gegenüber heutigem Lebensverständnis erweisen.

Das Ziel der Entmythologisierung ist in der protestantischen und katholischen Theologie weitgehend anerkannt. Dämonen etwa können gedeutet werden als mythische Bilder, die die Bedrohtheit und Gefährdung des menschlichen Lebens zum Ausdruck bringen. Solche Deutungen vermögen fruchtbare und häufig überraschende Beziehungen zu heutigem Verständnis herzustellen.

Aber es bleiben Fragen: Droht nicht die Gefahr, daß die Bibel zu einseitig subjektiv aus dem je individuellen Vorverständnis des Interpreten heraus gedeutet wird? Verflüchtigt sich nicht allzu leicht historisches Geschehen, vor allem Leben und Tod Jesu, in Symbolen menschlicher Existenz?

Eschatologie [griech. *éschaton*=das Letzte; *lógos*=Rede, Wissen]: theologische Aussagen über die Vollendung des Menschen und der Welt. Ihre Grundlagen sind Erzählungen vom Hereinbrechen der Gottesherrschaft. Das Neue Testament gestattet keine einheitliche Darstellung der »letzten Dinge«, da verschiedene Vorstellungen und Auffassungen unausgeglichen nebeneinander stehen. Zum Grundbestand der bildhaften Erzählungen gehören jedoch die Wiederkunft Christi, das Gericht, der Anbruch der Gottesherrschaft, in der Sünde und Tod aufgehoben sind.

Die Auslegung dieser Vorstellungen und Bilder schwankt – schon im NT – zwischen zwei Polen: ein Teil der Tradition versteht diese Aussagen als Ankündigung unmittelbar bevorstehender Ereignisse. Ein anderer Strang der christlichen Theologie betont den Bildcharakter der eschatologischen Vorstellungen. Diese Aussagen meinen demnach die Erfahrung der Geschichte angesichts Gottes. Im Vollzug des Lebens – so heißt es dann – erfährt der Mensch Nähe und Ferne Gottes, erfährt er das Gericht und die Wiederaufrichtung beschädigten Lebens. Diese entscheidende Veränderung des Daseins betrifft nicht nur den einzelnen und seine Lebensgeschichte, sondern zielt zugleich auf die Umgestaltung und Vollendung der Gesellschaft und Geschichte. Damit ragt eschatologische Hoffnung hinein in die Gestaltung des Lebens.

Fegefeuer: im Mittelalter aufkommende Bezeichnung für den Reinigungsort [lat. *purgatorium*]. Dorthin gelangen die Seelen jener Menschen, die frei von schwerer Schuld, aber belastet mit »läßlichen« Sünden gestorben sind. Ihre Unvollkommenheit hindert sie, unmittelbar zur »Anschauung Gottes« im Himmel zu gelangen. Deshalb leiden sie unter ihrer Schuld; dieses Leiden wirkt reinigend und ermöglicht schließlich den Übergang in den Himmel.

Über die Art dieser Leiden hat die katholische Kirche keine genaueren Aussagen machen wollen; festgelegt wurde jedoch, daß Gebet und Opfer für diese »armen Seelen« deren Läuterungszeit abkürzen können.

Diese Vorstellung muß in der zeitgenössischen Theologie neu interpretiert werden. Offensichtlich trägt das Bild vom Fegefeuer mythische Züge. Die Annahme einer Zeit und einer Entwicklung »nach dem Tod« schafft zudem Vorstellungsprobleme. Ein Lösungsversuch der neueren katholischen Theologie kann vereinfacht so skizziert werden: Der Mensch, der entschlossen ist, aus christlichem Glauben gut zu leben, erfährt dennoch die Unvollkommenheit seines Verhaltens. An dieser Differenz zwischen Absicht und Wirklichkeit leidet er; doch diese Erfahrung wirkt läuternd und reifend. Hierin deutet sich an, daß das Leben, das faktisch geführt wird, noch der Vervollkommnung bedarf, die letztlich von der Begegnung mit Gott erhofft wird.

Krankensalbung (»Letzte Ölung«): das Sakrament, das die katholische Kirche den Gläubigen spendet, die wegen Krankheit oder Altersschwäche in Lebensgefahr geraten. Zum Ritus der Krankensalbung gehören in der Regel die Beichte, die Salbung der Sinne mit geweihtem Öl und der Empfang der Heiligen Kommunion. Weil nach katholischer Lehre das Sakrament der Krankensalbung Sünden tilgt, geriet es immer wieder in die Gefahr, magisch-ritualistisch mißverstanden zu werden.

Solches Mißverständnis liegt dann vor, wenn man die Sündenvergebung allein schon vom äußeren Vollzug des Ritus erwartet und die Krankensalbung in der Todesstunde als Versicherung ewigen Heils ansieht.

Demgegenüber sind die pastoraltheologischen Aspekte deutlicher hervorzuheben: Krankensalbung ist ein Sakrament, das den Lebenden hilft, sich in Gebet und Ritus auf den Tod vorzubereiten. Dabei läßt die Anwesenheit des Priesters und der Nahestehenden den Kranken die Anteilnahme der Gemeinschaft erfahren. Der Ritus bettet das Sterben in Konventionen ein. Dadurch können der Sterbende und seine Angehörigen angesichts des Ungewohnten einer solchen Grenzsituation ein wenig Sicherheit erfahren. Indem Gebet und Meditation das Leiden Jesu vergegenwärtigen, kann das eigene Leiden leichter angenommen und ertragen werden.

Requiem: nennt man die römische Totenmesse. Der Name leitet sich von den ersten Worten des Eingangsliedes her: »Requiem aeternam dona eis Domine« (»Herr gib ihnen die ewige Ruhe«). Ursprünglich wurde der katholische Trauergottesdienst in schwarzen Meßgewändern gehalten; heute meist in Violett als Zeichen der Erwartung einer guten Zukunft.

Die Sequenz »Dies irae« (siehe Text 38) wurde (bis zur Liturgiereform nach dem II. Vatikanischen Konzil [1961–1965]) in der katholischen Liturgie zwischen Lesung und Evangelium gebetet bzw. gesungen.

Sünde: Als theologischer Begriff bezeichnet Sünde das verkehrte Denken und Handeln, durch das sich ein Mensch aus der Ordnung Gottes ausschließt. Damit versagt sich der Mensch dem Anspruch des Schöpfers und gerät in einen grundsätzlichen Widerspruch zur Ordnung der Welt und der menschlichen Gemeinschaft. Moralisch gewendet meint der Begriff eine vielschichtige Erfahrung von Verfehlung und Bosheit. Die katholische Überlieferung unterscheidet zwischen schwerer Sünde und läßlicher Sünde. Die schwere Sünde meint eine Verfehlung in einer wichtigen Sache, die in klarer Erkenntnis und aus freiem Willen vollzogen wurde. Letztlich ist damit eine so weitgehende Selbstverfehlung des Menschen gemeint, daß der Mensch seine eigene Identität darin zerstört, unter Einschluß seiner sozialen Beziehungen. Insofern kann gesagt werden, die schwere Sünde bedeute den Tod des Menschen.

In Fortführung dieses Ansatzes ergibt sich:

(1) der Tod ist – existentiell gesehen – die Folge der Sünde.

(2) Wer im Zustand schwerer Schuld stirbt, beendet sein Leben in totaler Selbstverfehlung: er erfährt sterbend »die Hölle«, das heißt, die radikale Entfremdung gegenüber Gott, der ihm die bergende absolute Zukunft wäre.

Die Diskussion geht seit langem darüber, ob eine derartig radikale Selbstverfehlung vom Menschen tatsächlich bewußt gewollt sein kann und ob es mit dem Glauben an den Heilswillen Gottes vereinbar ist, diese Möglichkeit anzunehmen.

Die Autoren

Augustinus, Aurelius (354–430), Kirchenvater und Philosoph, Bischof von Hippo Regius in Nordafrika. In seinem »Gottesstaat« (De civitate Dei) versucht Augustinus die Menschheitsgeschichte aus christlichem Glauben zu deuten. Diese stellt sich als der fortdauernde Kampf zwischen zwei Reichen dar: dem Weltreich der irdisch Gesinnten (civitas terrena) und dem Gottesreich (civitas Dei). Die Lehre von den zwei Reichen, die in einem polaren Verhältnis wechselseitiger Zuordnung und Kritik gedacht werden, hat Geschichtsbild und Herrschaftsverständnis des Mittelalters stark beeinflußt.

Besser, Joachim (1913–1977), Schriftsteller und Journalist, zeitweise Auslandskorrespondent der Tageszeitung DIE WELT in New York. In dieser Zeit entstand das Buch »Wofür zu leben lohnt«, in dem er europäische und amerikanische Lebensweise vergleicht und sich für die Einheit der westlichen Kultur einsetzt.

Bloch, Ernst (1885–1977), Studium der Philosophie, Musik und Physik. Seit 1908 freier Schriftsteller; 1933 Emigration; 1949 Ordinarius für Philosophie in Leipzig; 1956 zwangsemeritiert, verläßt er 1961 die DDR; bis zu seinem Tode Professor für Philosophie in Tübingen.

Borchers, Elisabeth (geb. 1926), Schriftstellerin, Aufenthalte in Frankreich und den USA, arbeitet heute als Lektorin in Frankfurt. Sie veröffentlichte Gedichte, Hörspiele, Kritiken, Kinderbücher.

Borges, Jorge Louis (geb. 1899), bekanntester Dichter Argentiniens, Lyriker, Erzähler und Essayist.

Eich, Günter (1907–1972), Dichter, lebte in Berlin, Dresden und Paris; bekannt vor allem durch seine Hörspiele und lyrischen Gedichte.

Gardavský, Vítězslav (1923–1978), Dozent für Philosophie in Brünn.

Greshake, Gisbert (geb. 1933), ordentlicher Professor für Dogmatik und Dogmengeschichte der Universität Wien.

Johannes Chrysostomus (344/354–407), Kirchenlehrer, Patriarch von Konstantinopel. Seine eindrucksvollen Predigten über Bibeltexte, theologische und ethische Fragen, aber auch sein mutiges Auftreten am kaiserlichen Hof, brachten ihm den Ehrennamen »Chrysostomus«, d. h. »der Goldmund«, ein.

Kaschnitz, Marie Luise (1901–1975), Dichterin, lebte mehrere Jahre in Italien, verfaßte Gedichte, Prosa und Hörspiele.

Kautzky, Rudolf (geb. 1913), seit 1966 ordentlicher Professor für Neurochirurgie in Hamburg.

Kübler-Ross, Elisabeth (geb. 1926), stammt aus der Schweiz, arbeitet als Psychiaterin in den USA.

Kurz, Paul Konrad (geb. 1927), Theologe und Literaturwissenschaftler; lebt als freier Schriftsteller bei München.

Lohfink, Gerhard (geb. 1934), Professor für Neutestamentliche Exegese an der Universität Tübingen.

Mann, Wolfgang (geb. 1935), Theologe und Publizist. Derzeit Präsident des Deutschen Lehrmittelverbandes.

Mittelstrass, Jürgen (geb. 1936), ordentlicher Professor der Philosophie in Konstanz.

Platon (427–347), Schüler des Sokrates. Neben Aristoteles der bedeutendste Philosoph der Antike. Einflußreich wurden seine Ideenlehre und die Staatsphilosophie. In dem Bemühen, die Dinge ihrem Wesen nach zu definieren, postuliert Platon eine metaphysische Welt unwandelbarer Ideen, von denen die sichtbaren Dinge nur die vergänglichen Abbilder sind. In der Staatslehre vertrat er das Ideal eines nach Ständen geordneten Staates, an dessen Spitze Philosophen stehen. Sein weltanschaulicher Dualismus* und seine Lehre von der Unsterblichkeit der Seele haben das Christentum stark beeinflußt.

Proust, Marcel (1871–1922), französischer Schriftsteller. Sein Hauptwerk, der siebenteilige Roman »Auf der Suche nach der verlorenen Zeit« gilt aufgrund seiner Struktur und seiner Stilelemente als einer der bedeutendsten modernen Romane.

Pseudo-Macarius, gen. M. der Ägypter (um 300–um 390), lebte als Mönch und Asket in der sketischen Wüste (Ägypten). Die ihm zugeschriebenen Predigten und Briefe gelten als unecht.

Rahner, Karl (geb. 1904), Jesuit; vielleicht bedeutendster katholischer Theologe der Gegenwart, zuletzt Professor für Dogmatik in Münster, inzwischen emeritiert. Rahner beeinflußte stark die moderne Theologie und gab Anstöße zur Reform der katholischen Kirche auf dem II. Vatikanischen Konzil.

Ratzinger Joseph (geb. 1927), Professor der Dogmatik in Bonn, Münster, Tübingen und Regensburg; seit 1976 Kardinal und Erzbischof von München.

Schilson, Arno (geb. 1945), wissenschaftlicher Assistent im Fachbereich katholische Theologie an der Universität Tübingen.

Sölle, Dorothee (geb. 1929), Studium der evangelischen Theologie, Philosophie und Literaturwissenschaften. Derzeit Professur in USA.

Thomas von Celano (1190–1253), Franziskaner. Erster Biograph des Franz von Assisi.